珍藏本
纪念版

汉译世界学术名著丛书

论人与人之间不平等的起因和基础

〔法〕卢梭 著

李平沤 译

2017 年 · 北京

Jean-Jacques Rousseau
DISCOURS SUR L'ORIGINE ET LES FONDEMENTS DE L'INÉGALITÉ PARMI LES HOMMES
Gallimard 1985
根据伽里玛出版社 1985 年版译出

DISCOURS

SUR L'ORIGINE ET LES FONDEMENS DE L'INEGALITE' PARMI LES HOMMES.

Par JEAN JAQUES ROUSSEAU

CITOYEN DE GENÈVE.

Non in depravatis, ſed in his quæ bene ſecundum naturam ſe habent, conſiderandum eſt quid ſit naturale. ARISTOT. Politic. L. 1.

A AMSTERDAM,

Chez MARC MICHEL REY.

MDCCLV.

1755 年 阿姆斯特丹雷伊版

《论人与人之间不平等的起因和基础》的封面

Qu'on ajoûte à tout cela cette quantité de métiers mal-sains qui abrégent les jours ou détruisent le temperament; tels que sont les travaux des mines, les diverses préparations des métaux, des mineraux, surtout du Plomb, du Cuivre, du Mercure, du Cobolt, de l'Arcenic, du Realgar; ces autres métiers perilleux qui coutent tous les jours la vie à quantité d'ouvriers, les uns Couvreurs, d'autres Charpentiers, d'autres Maſſons, d'autres travaillant aux carriéres; qu'on reuniſſe, dis-je, tous ces objets, & l'on pourra voir dans l'établiſſement & la perfection des Sociétés les raisons de la diminution de l'espéce, observée par plus d'un Philosophe.

Le luxe, impoſſible à prevenir chez des hommes avides de leurs propres commodités & de la conſidération des autres, achéve bientôt le mal que les Sociétés ont commencé, & sous prétexte de faire vivre les pauvres qu'il n'eût pas fallu faire, il appauvrit tout le reste, & dépeuple l'Etat tôt-ou tard.

Le luxe est un remède beaucoup pire que le mal qu'il prétend guerir; ou plûtôt, il est lui-même le pire de tous les maux, dans quel-

pardonnez-le moi Père et Mère à jamais déplorables; j'aigris à regret vos douleurs: Mais puissent-elles servir d'exemple éternel et terrible à quiconque ose, au nom même de la nature, violer le plus sacré de ses droits.

Je n'ai parlé que des vices et maux formés qui sont l'ouvrage de nôtre police; ~~mais~~ pense-t-on que ceux ~~même~~ où l'amour et la simpathie ont présidé soient eux-mêmes exempts d'inconvéniens? Que seroit-ce si &c.

卢梭在雷伊版第 213 页手写的批注

汉译世界学术名著丛书
（120 年纪念版·珍藏本）
出 版 说 明

2017 年 2 月 11 日，商务印书馆迎来 120 岁的生日。120 年前，商务印书馆前贤怀揣文化救国的理想，抱持“昌明教育，开启民智”的使命，立足本土，放眼寰宇，以出版为津梁，沟通中西，为中国、为世界提供最富智慧的思想文化成果。无论世事白云苍狗，潮流左右激荡，甚至战火硝烟弥漫，始终践行学术报国之志，无改初心。

迻译世界各国学术名著，即其一端。早在 20 世纪初年便出版《原富》《天演论》等影响至今的代表性著作，1950 年代后更致力于外国哲学和社会科学经典的译介，及至 1980 年代，辑为“汉译世界学术名著丛书”，汇涓为流，蔚为大观。丛书自 1981 年开始出版，历时三十余年，迄今已推出七百种，是我国现代出版史上规模最大、最为重要的学术翻译工程。

丛书所选之书，立场观点不囿于一派，学科领域不限于一门，皆为文明开启以来，各时代、各国家、各民族的思想与文化精粹，代表着人类已经到达过的精神境界。丛书系统译介世界学术经典，引领时代思想，为本土原创学术的发展提供丰富的文化滋养，为推动中国现代学术和现代化进程做出了突出的贡献。

为纪念商务印书馆成立120周年，我们整体推出“汉译世界学术名著丛书”120年纪念版的珍藏本，寄望既利于文化积累，又便于研读查考，同时向长期支持丛书出版的译者、编者和读者致以敬意。

两甲子后的今天，商务印书馆又站在了一个新的历史时间节点上。我们不仅要铭记先辈的身影和足迹，更须让我们的步伐充满新的时代精神。这是商务人代代相传的事业，更是与国家和民族的命运始终紧密相连的事业。我们责无旁贷，必须做好我们这代人的传承与创造，让我们的努力和成果不仅凝聚成民族文化的记忆，还能成为后来人可以接续的事业。唯此，才能不负前贤，无愧来者。

商务印书馆编辑部

2017年10月

出版说明

本书是1753年卢梭应法国第戎科学院的征文而写的论文。在性质上,这是一部阐发政治思想的著作,其重要性仅次于1762年卢梭的《社会契约论》;而在思想体系上,本书可视为《社会契约论》的基础和绪论。

卢梭是18世纪法国资产阶级民主主义者,他比他同时代的、代表资产阶级利益的百科全书派人物,更富有激进性。恩格斯曾在《反杜林论》中指出卢梭此书和狄德罗的《拉摩的侄儿》同是18世纪中辩证法的杰作。当卢梭同时代的一些哲学家把人类的进步设想为一个不断上升的过程时,卢梭却已经发现人类历史发展本身所具有的两面性(进步与落后)和所包含的内在矛盾。他认为贫困和奴役,亦即人与人之间的不平等的产生是随着私有制而来的,是建立在私有制确立的唯一基础上的。人在未开化的自然状态中,本来是平等的;可是当人们力求生活完善化,争取科学技术和文化发展时,人类则既在进步,又在退步,因为文明向前进一步,不平等也就向前进一步。到了专制暴君统治之下,不平等就发展到极端,到达顶点;这个顶点同时就将成为转向新的平等的起因和基础。这种新的平等,按照卢梭的看法,是更高级的、基于社会公约的平等。这些思想是可贵的。但卢梭的这些可贵的民主思想和辩证思想始终是与他的唯心主义观点和形而上学的思想方法结合在一起的。本书的写作，就是他隐避森林深处沉思默想之所得。

本书 1755 年出版后，很快就有了两种德文译本。1756 年和 1761 年又有了两种英文译本。1770 年有了俄文译本。在我国，直到新中国成立以后才有了两种译本。一是 1957 年吴绪译，三联书店出版，自 1959 年改由本馆出版的本子。这个本子是根据 1915 年英国剑桥大学出版的《卢梭政治著作集》译出。另一是 1958 年李常山译，东林校，法律出版社出版的本子，译名为《论人类不平等的起源和基础》。这个本子是根据法国巴黎社会出版社 1954 年出版的勒赛克尔评注的版本译出，其中除了评注以外，还收有勒赛克尔所撰《让一雅克·卢梭》一文，对卢梭的生平、著作和思想有较详细的介绍。1962 年，我馆商得法律出版社的同意，借用该社原纸型予以重印发行，并于 1982 年收入《汉译世界学术名著丛书》。由于李常山译本因故不再出版，我们特约请李平沤先生重译此书。

李平沤译本是根据巴黎伽里玛出版社 1985 年本译出，书名按照法文原名译作“论人与人之间不平等的起因和基础”，正文后面附有卢梭针对伏尔泰、费罗波里斯和一位博物学家对他这本书的批评所做的回答。

商务印书馆

2006 年 3 月

目　录

译者前言

这一祸患的产生，
首先起因于人与人之间的不平等。

卢梭《答斯坦尼斯拉斯·勒
辛斯基[1]的驳难》(1751 年 9 月)

卢梭的《论人与人之间不平等的起因和基础》简称为《论不平等》[2]或第二篇论文。这篇论文所表述的论点，是卢梭政治思想体系中的重要一环。1762 年 1 月 12 日，他在致法国国家图书总监马尔泽尔布的信中说，他的"三部主要著作，即第一篇论文[3]和关于不平等现象的论文及关于教育的论著[4]……是不可分开的"。这篇与《论科学与艺术》及《爱弥儿》"应合起来成为一部完整的著作"[5]的论文，是因何而作的？它包含有哪些重要内容和值得深入探讨的问题？译者谨就管见所及，略陈几点如下：

① 斯坦尼斯拉斯·勒辛斯基(1677—1766)：波兰国王。

② 这一简称，见卢梭，《忏悔录》，卷 8，巴黎"袖珍丛书"1972 年版，下册，第 99 页。

③ 第一篇论文指《论科学与艺术》(何兆武译，商务印书馆 1997 年版)。

④ 关于教育的论著指《爱弥儿》(李平沤译，商务印书馆 2004 年版)。

⑤ 见《卢梭散文选》，李平沤译，百花文艺出版社 1995 年版，第 23 页。

一、论文的由来

1750年，卢梭的获奖应征论文《论科学与艺术》一发表，便引发了一场持续一年多的大论战。1752年4月，他在为回答一个名叫夏尔·波尔德对他的批评而写的文章的结尾说他对论战已“感到厌倦，决定从此搁笔，不再为这场旷日持久的争论执笔撰文”。[①]然而，使卢梭感到惊异的是，正当围绕着《论科学与艺术》的论战开始平息之际，这个夏尔·波尔德于1753年9月又发表了一本题为《再论科学与艺术带来的好处》的小册子，猛烈攻击卢梭。这一次，卢梭决定改变战术，不与论敌一个一个地打笔仗，而要把他的论点加以整理，做一个全面的陈述和总的答复，因为他发现，在与论敌笔战的过程中，他的思路愈来愈开阔，触及的问题远远超过了科学与艺术的范围。于是，他写信告诉他的朋友克雷基夫人说：他将不再理睬波尔德，而要“另寻机会”详细阐发他的思想。

真是天遂人愿，这个机会不久就到来了。1753年11月，第戎科学院在《法兰西信使报》上刊登了一则有奖征文启事。启事的全文如下：

> 1753年的精神奖是一枚价值三十皮斯托尔[②]的金质奖章。征文的题目是：人与人之间不平等的起因是什么；这一现

① 见《卢梭全集》，伽里玛出版社“七星丛书”1764年版，卷3，第1300页。

② 皮斯托尔：法国古币名，相当于十个利弗尔。

象是否为自然法所容许？

谁能最好地解答这个问题，谁就将获得这枚奖章。文章可以用法文写，也可以用拉丁文写；文章的长度，以宣读起来不超过三刻钟为限。文章可免费邮寄，在4月1日征文截止日期前寄交第戎老市街科学院秘书佩蒂先生收。

卢梭看到这则征文启事提出的题目，又惊又喜。他当时的心情，在他的《忏悔录》中记述甚详：

我记得，第戎科学院公布了一则以"论人与人之间不平等的起因"为题的征文启事。这个大题目使我深感震惊。我没有料到这个科学院竟敢提出这么一个题目。好嘛，它既然有胆量提，我就有胆量写；于是我就着手写了。

为了能静下心来从容思考这个重大的题目，我到圣热尔曼去小住了七八天。……我每天走进树林深处；我在林中寻找，而且终于找到了远古时候的情景。我奋笔疾书，描述当初真正的史实。我要驳斥人们胡言乱语的谎言；我要如实展现人原本的天性，充分揭露使人的天性大变其样的时代和事物演变的过程……以便使人们看到在所谓人的完善化的过程中所遭受的苦难的真正原因。我的灵魂被这种高洁的沉思所振奋，竟至上升到了神明的境界。……这样沉思的结果，遂产生了《论不平等》这篇论文。①

① 卢梭，《忏悔录》，巴黎"袖珍丛书"1972年版，下册，第98—99页。

关于这篇论文评选的结果，卢梭在《忏悔录》中是这样写的：

> 我早就料到它不会赢得奖品，因为我知道各个科学院的奖品不是为按照我这样的文笔和内容写的论文设置的。[①]

事情果然不出卢梭的预料。第戎科学院对参赛论文评选的结果，把奖章发给了一个名叫塔贝尔的神甫。塔贝尔神甫用圣保罗说的“世上的一切都出自上帝的安排”这句话作为他的论文的篇首题词。从这个题词出发，他认为“不平等”这个现象是出自上天的意志，是对人的罪恶和欲念的一种惩罚。卢梭的论文落选的原因，表面上是说他的文章写得太长，“宣读起来超过了规定的三刻钟的时间限制，”但真正的原因，是那些认为私有财产是神圣不可侵犯的院士们觉得他的文章具有很大的颠覆性，所以没有投他的票。

二、论文的写法和全文的布局与要点

第戎科学院的征文活动是1753年的事。1755年《论不平等》由书商雷伊在阿姆斯特丹出版前，卢梭在论文前面加写了一篇献词。关于这篇献词，他在《忏悔录》中说：

> 在离开巴黎之前[②]，我已开始起草添加在《论不平等》之

① 卢梭，《忏悔录》，巴黎“袖珍丛书”1972年版，下册，第100页。

② 1754年6月10日，卢梭在友人高福古的陪同下，离开巴黎，启程前往阔别二十六年之久的日内瓦。

前的献词。这篇献词，我是在尚贝里[①]写完的，并注明“1754年6月12日于尚贝里”。因为我认为，为了避免有人风言风语说闲话，所以，最好是既不注为“写于法国”，也不注为“写于日内瓦”。[②]

糟糕的是，他把献词标明“献给日内瓦共和国”，这就是说献给由全体公民组成的大议会，而不是献给实际执掌权力的小议会[③]。这引起了小议会的不满；一个名叫让－路易·杜班的“显要人物”写信告诉卢梭说：“你太恭维我们了；你对我们的描写，是我们应当努力争取做到的样子，而不是我们现在实际的样子。”

卢梭的谋篇布局独具匠心。他把献词、序言和小引作为引人入胜的前奏。这三则短文宛如三道画廊，向我们展示了许多生动的形象，引导读者从当时的日内瓦走到古希腊雅典的校园，然后走出画廊，眼前豁然开朗，看见上古时候无边无垠的草地和原始森林。他这样一步一步地往远古追溯，一步一步地唤起我们的想象力，与他一起进入林中观察自然状态中的野蛮人。这时，他用凝重的声音向世人宣告：“人们啊，不论你们是哪国哪省的人，也不论你们的看法如何，都请细心听我讲述……你们的真实的故事。”（第50页）[④]

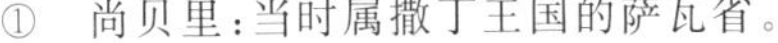

① 尚贝里：当时属撒丁王国的萨瓦省。

② 见卢梭，《忏悔录》，巴黎“袖珍丛书”1972年版，下册，第104页。

③ 小议会是日内瓦共和国真正的政府，由二十五位成员组成，卢梭称他们为“二十五个暴君”。

④ 在前言和其他地方引用《论不平等》中的词句，用文内注形式标示，即在引文后面加括号注明页码，如此处。

在理论著作的写法方面，卢梭总是“首先从简要说明所要论述的主题入手”。① 他首先在序言中提出三个问题作为全书立论的张本。他说：“如果不首先从对人本身有一番认识开始，又怎么能找出人与人之间不平等的起因呢？如果不从时间的推移和世事的沧桑在人的本质上引起的变化着手研究，又怎么能了解当初大自然创造的人是什么样子呢？又怎么能把人固有的东西和环境与人的进步对他的原始状态添加的或改变的东西加以区别呢？”（第 35 页）

正文分两部分：第一部分着重描写处于自然状态中的原始人的幸福生活，第二部分追述他们的幸福生活是怎样失去的。他提出了一个著名的论断：“谁第一个把一块土地圈起来，硬说‘这块土地是我的’，……这个人就是文明社会的真正缔造者。但是，如果有人拔掉他插的界桩或填平他挖的界沟，并大声告诉大家：‘地上的出产是大家的，土地不属于任何个人’——如果有人这么做了，他将使人类少干多少罪恶之事，少发生多少战争和杀戮人的行为，少受多少苦难和恐怖之事的折磨啊！”（第 87 页）

他开门见山，序言的头一句话就指出了他这篇论文的针对性。他说：“在我看来，在人类所有的各种知识中，对我们最有用但是是我们掌握的最少的，是关于人的知识。”（第 35 页）造成这种“掌握的最少”的原因，不是在这方面著书立说的人少，而是尽管有许多人发表了关于研究人的著作，但都没有正确揭示人类社会出现“不

① 见卢梭《关于一本书的写作方法》（《卢梭散文选》，李平沤译，百花文艺出版社 1995 年版，第 151 页）。

平等”这一现象的根由。他认为，如果人们想发现这一现象的起因，入手的办法应当是先了解社会契约产生之前的原始人是什么样子：要有正确的社会学，就必须先要有正确的人类学，就必须对自然状态有一个充分的了解。这个工作做起来很不容易，因为这种状态“现在已不复存在，而过去也许根本就没有过、将来也永远不会有的”。（第37页）因此我们只能推测它史前是什么样子；从这个推测出发，就有可能窥知事情演变的过程。

他指出，尽管其他的哲学家也曾采用这个方法，但他们观察问题的角度和得出的结论全都错了。他说：“对社会的基础作过一番研究工作的哲学家，[①]都认为必须追溯到了自然状态，但他们当中，没有一个人真正追溯到这种状态。……值得注意的是，他们各个都不厌其烦地在书中大谈什么人类的需要、贪心、压迫、欲望和骄傲，把人类只有在社会状态中才有的观念拿到自然状态中来讲。他们说他们讲的是野蛮人，但看他们笔下描绘出来的却是文明人。”（第48页）

他也不赞成基督教徒的说法。基督教的教义让人们相信《创世记》所说的人是出自上帝之手，世上的不平等是“全能的”上帝的安排[②]。卢梭不同意这个观点，他说：“尽管宗教的教义硬要我们相信是上帝亲自使人脱离了自然状态，相信他们之所以不平等，是因为上帝希望他们不平等，然而宗教的教义并未禁止我们根据人的天性和他周围的事物进行一些猜测：如果让人类放任自流地自

① 例如卢梭在书中提到的格劳秀斯、普芬道夫、洛克和霍布斯。

② 此次征文的获奖者塔贝尔神甫就是从这一点出发，论证人与人之间的不平等是合法的。

由发展，他们将变成什么样子。”（第49页）

因此，他主张“让我们抛开事实不谈”（第49页），即抛开《圣经》上所说的“事实”，而进行“假设的和有条件的推论”（第49页）。在这一点上，他的看法同狄德罗的看法是相近的。1753年，狄德罗在《百科全书》第三卷出版的同时发表的“为准备研究自然哲学的年轻人而作”的小册子《对自然的解释》中的第58段说：“如果基督教的教义只告诉我们出自造物主之手的动物就是我们所看到的这个样子，如果允许人们对它们的开始和终结可以提出一丁点怀疑，那么，耽于臆测的哲学家难道不可以在以下几个方面进行推测吗？”[①]

卢梭从圣热尔曼回到巴黎后，忘记了他有病，也不去看医生，天天到布洛涅树林中去继续沉思和推测。他的思想像四年前去万森纳的路上那样激动和奔放[②]。他在沉思中看见了许多前所未见的美妙景象，发现了已尘封千百万年的真实事实。他看见在上古的原始森林中晃动着一个身影——一个直立行走的两足动物：“我看见他在一棵橡树下心满意足，悠然自得；哪里有水就在哪里喝，

---

① 见狄德罗，《对自然的解释》，第58段。狄德罗在这句话的问号后面提出了九个可以推测的问题。（《狄德罗哲学著作选集》，巴黎加尼埃出版社1964年版，第241页）

② 1749年10月的一天，卢梭从巴黎到远郊的万森纳监狱去探视被关押在那里的狄德罗。这一天，虽盛夏已过，但依然骄阳似火，天气十分炎热。途中，他在一棵橡树下坐下来休息，从衣兜里取出他随身带的一份《法兰西信使报》，突然，他看到了报上刊登的第戎科学院1750年的有奖征文题目“科学与艺术的复兴是否有助于敦风化俗？”他在《忏悔录》第8卷中说：“在看到这个问题的那一刹那间，我看到了另外一个世界，我变成了另外一个人。”他全身好像受到了一次大震动，许多新奇的思想一起涌上心头。

在向他提供食物的树下吃饱了就睡：他的需要全都满足了。"（第52页）他身强力壮，已习惯于莽莽丛林中的荒野生活，敢于同野兽搏斗，斗不过就逃跑。他从不生病，或者说得更确切一点，他也不知道什么叫"病"；他的感觉极其敏锐，但他从来不思考什么问题。关于这一点，卢梭有一个敢犯众怒的"断言"，他说："如果大自然的本意是要我们成为健康的人，那么，我敢断言，动脑筋思考的状态，是违反自然的状态；动脑筋思考的人，是一种性格反常的动物。[①]"（第56页）这个"两足动物"，后来在他1762年发表的《社会契约论》中被称为"愚昧的、局限的动物[②]"，1762年11月18日，他在致巴黎博蒙大主教的信中再次说明这个动物"完全局限于他身体的本能；他身无长物，像畜生那样愚昧。我在《论不平等》这篇论文中向人们展示的原始人就是这个样子"。[③]

不过，人这种动物有他独特的地方。其他动物在长大之后，其行为方式和生活习性就定了型，没有任何变化，永远是那个样子。而人则不然；他具有改变其行为方式的能力，他在后天可以获得他先天没有的本领。他不是拉梅特里[④]所说的完全受因果关系制约的机器。"一切动物的行为都要受大自然的支配；它们必须服从大自然。人虽然也受大自然的支配，但他认为自己是自由的，可以接受也可以拒绝自然的支配。正是由于他认识到他有这种自

① 请参见第56页脚注①。

② 见《社会契约论》，何兆武译，商务印书馆1987年版，第30页。

③ 见《卢梭全集》，伽里玛出版社"七星丛书"1969年版，卷4，第936页。

④ 拉梅特里（1709—1751）：法国唯物主义哲学家，著有《人是机器》、《人是植物》等书。

由，所以才显示出他心灵的灵性。……人有自我完善的能力。这个能力，在环境的帮助下，可以使其他的能力不断发展。”（第60页）

这个人的天性是善还是恶呢？英国的霍布斯认为人的天性是邪恶的，无止无休地和他的同类进行斗争，经常处于“战争状态”，以致必须建立一种“社会秩序”才能保住人类不至于灭亡。卢梭认为霍布斯的观点是错误的，他说“人天生是善良的”。（第135页）

“有些人觉得卢梭的这一论断令人好笑。不过，我们应当正确理解它的意思。说他是‘善良的’，并不等于说他是‘有道德的’，因为‘道德’有一个伦理标准，因此也就有一个社会标准。说人是善良的，意思是说人的性情是温和的、不好斗的。”①

“野蛮人一吃饱了肚子，就和大自然相安无事，对他的同类也十分友好。”（第137页）在广阔的大自然里，到处都可找到食物，他为什么要去和同类你争我抢，互相打斗呢？他没有贪心，没有个人财产观念。千百万年前的原始人只有两种感情：一种是自爱心，即爱他自己，这是一种为保持自己生存的本能；另一种是怜悯心，不愿意看见自己的同类遭受痛苦，这种表现，我们在某些动物中也是可以看到的。

卢梭在圣热尔曼森林的沉思中所见到的原始人就是这个样子：他不和任何人交往，甚至对他自己的存在也无意识。这种情况持续了无数个世纪，千百代人在静静的时光流逝中诞生，度过数十

① 见特鲁松，《卢梭传》，李平沤、何三雅译，商务印书馆1998年版，第158页。

寒暑，最后又悄无声息地回到大地。人类就是这样一代又一代地繁衍，“每一代人都照例从原先那个起点从头开始，千百个世纪都像原始时代那样浑浑噩噩地过去：人类已经老了，但人依然还是个孩子。”（第83页）

不过，尽管原始人在森林中过着孤单的生活，但他们并不是天生不合群的。他们有潜在的群居性，一有外因的推动，这种群居性就会发生作用，使他们聚集成某种形式的联合。例如在单凭一个人的力量不能捕获一头猛兽时，他们就会联合起来合力围捕。这种联合，尽管是短暂的，在击毙猛兽各人分到应得的一份之后就各自散去，但应当指出，这种形式已不再是自然的，因为它是人的行为的结果，包含有某些人为的约定和对个人自由的限制。

后来，这种短暂的联合又逐渐导致其他形式的联合，例如合力挖掘洞穴或用树枝搭建躲避风雨的窝棚。男人和女人的频繁接触，由于本能的驱使，自然会进行交配和生育孩子。他们的生活方式也随之改变：女人留在洞穴或窝棚里照管孩子，而男人则出去寻找食物。对共同生活的逐渐习惯，便形成了早期的家庭，而且有了简单的语言：有节奏和声调高低变化的呼叫或模拟某种事物的声音。

只要人类满足于他们简陋的小屋，“只从事单独一个人就可操作而不需要多人合力就能完成的技术工作，他们就能过着他们的天性所许可的自由自在的美好的幸福生活……但是，从一个人需要别人帮助之时起，从他感到一个人拥有两个人的食物是大有好处之时起，人与人之间的平等就不存在了，私有财产的观念就开始形成。”（第95—96页）随着冶金和农耕这两种技术的发明，人类的生活又产生了一次巨大的变化：原先以寻求个人食物为主的经济活动，现在让位于以生产为主的经济活动；财产的占有，开头是占有地上的产品，后来发展到占有土地本身；对个人的评价，从前是看他的力气大不大，而现在是看他的财产多不多。拥有土地的人必须强要没有土地的人替他耕作，他的土地才能产生效益，于是形成了主人和奴隶两个对立的阶层。这时，也只有在这时，才能出现霍布斯所说的“可怕的战争状态”：穷人对富人的战争，没有土地的人对拥有土地的人的战争。

在这场无止无休的战争中，富人是少数，处于不利的地位，有失去一切的危险，于是提出建立一个有法规可循的社会来保护自己。有了社会，就有了秩序，就可以在保障社会安宁的借口下，用不公平的契约建立权力机构来保护他们的财产，使经济掠夺发展成为政治权力的窃取。

这种情况，开始还不太脱离自然状态，因为那时候的权力还不是绝对的，首领和行政官员是推选的，若不称职，可以撤换。但后来权力完全落入富人、野心家或经验丰富的长者手中，而且，他们的权力愈来愈扩大，甚至演变成可以世袭：

> 这时候，人民已经习惯于处于依附的地位，习惯于生活的安稳和平静，已经不愿意打破他们身上的枷锁了；甚至为了生活的宁静，就是再加重对他们的奴役，他们也甘愿忍受。这样一来，国家的首领便成了世袭的，他们把官职看作是他们家中的一项财产，把自己看作是国家的主人，……把公民视为他们的奴隶，把公民像牲畜那样计算在自己的财产数目之内；他们

把自己看作是等同上帝的列王之王。(第115—116页)

现在，一切都在快速发展：不平等现象愈来愈严重，社会等级的区分愈来愈明显，贫富的悬殊愈来愈扩大。怎么办？退回到原先的自然状态吗？这是不可能的；卢梭并不像伏尔泰等人所指摘的那样主张返回原始森林。他没有主张倒退，因为他知道事物的这一发展是不可逆转的。他虽怀念远古时候的情景，但他并不是乌托邦主义者，他“从未主张把所有一切人的社会地位和经济条件通通拉平。他只是主张：财产以满足个人的真正需要为限；人与人之间的‘不平等’，不应以财产的多寡来划分，而应以个人才能的天然差别来划分”。[①] 细读全书，人们不难发现，卢梭并未主张返回自然状态，更不赞成永远停留在自然状态而不进入社会状态，因为在自然状态下，人的潜在资质无由显现和发挥。他在《论不平等》中所谴责的，是社会状态错误的发展方向和社会结构只有利于富人与统治阶层。他在这篇论文中表述的观点，承续了他在《论科学与艺术》中的思想，再次告诉人们，“后来的种种进步，表面上看起来是使个人走向完善，但实际上却使整个人类走向堕落”(第95页)，跌入不公平的社会化陷阱。

如何离开这个陷阱，建立公平、民主和法治的社会呢？这要留待他在《社会契约论》中来回答这个问题。

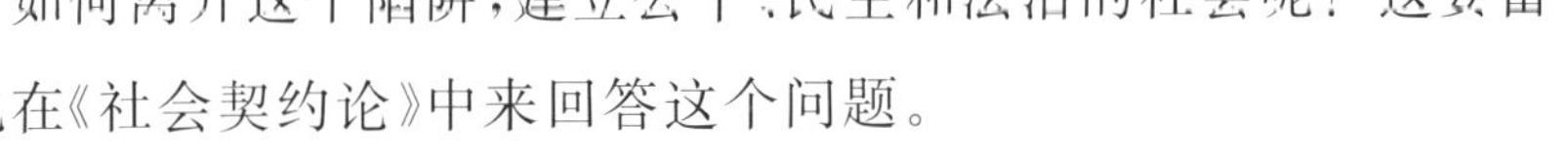

① 见特鲁松，《卢梭传》，李平沤、何三雅译，商务印书馆1998年版，第161页。

三、他为什么要改动第戎科学院的征文题目

1750年卢梭的第一篇论文(《论科学与艺术》)发表以后,有一个问题一直萦系在他心中,想加以揭示和论述。这个问题是:为什么人的真实面貌和他所表现出来的样子之间存在着巨大的差异。他在第一篇论文中深有感触地说:"我们再不敢表现真正的自己;……我们永远也不会明确知道我们是在和什么人打交道,甚至于要认清楚自己的朋友也得等到重大的关头,也就是说,要等到不可能有更多时间的关头,因为唯有到了这种关头,对朋友的认识才具有本质的意义。"[①]人的心态到了这种地步,是十分可悲的。

为了追根溯源,论述这个问题,卢梭在第二篇论文中把"当初大自然创造的人"(第35页)和"在社会环境的重重包围中"的人(第35页)加以对比,他发现:

> "如同格洛巨斯的雕像之遭到天气和海水的侵蚀与狂风暴雨的吹打,已经被弄得不像一尊海神而像一头猛兽,人的灵魂也一样;在社会环境的重重包围中,由于千百种不断产生的原因的影响,由于在获得了许多知识的同时又接受了许多谬见,由于身体气质的变化和欲念的不断冲动,可以说,人的灵魂也是被弄得几乎认不出来了。"(第35—36页)

---

① 卢梭,《论科学与艺术》,何兆武译,商务印书馆1997年版,第10页。

不过，值得庆幸的是，在变了形的人的面貌后边，卢梭看到了"带有天国庄严的纯朴的烙印"的原始人的面貌。他告诉人们：只要留心观察，就能看出他"从大自然的手中出来时的样子"（第52页）。

把卢梭的两篇论文加以比较，我们不难发现，第二篇论文的笔调与第一篇论文的笔调有所不同。第一篇论文重在批评，行文是道德学家的口吻；而第二篇论文则重在分析，以哲人的目光观察处于自然状态中的野蛮人与处于文明状态中的文明人之间的差异。他说："野蛮人和文明人在心灵深处和天性的倾向方面是如此的不同，以致在野蛮人看来是极幸福的状态，在文明人看来却苦不堪言。"（第122页）这种差异，在两篇论文中都有所论述，但不同的是，第二篇论文的文字却始终围绕着这样一个问题：人是怎样从一种状态进入另一种状态的？卢梭认为，阐明了这个问题，就可找到人与人之间的不平等现象产生的原因。因此他无视第戎科学院提出的征文题目，将科学院的原题"人与人之间不平等的起因是什么；这种现象是否为自然法所容许"[①]改为"论人与人之间不平等的起因和基础"。因为，在他看来，问题的关键是要阐明人是怎样从自然状态中的平等沦落到社会状态中的不平等的；自然状态和社会状态之间相隔着巨大的距离，其间经历了千百个世纪，人类是怎样走过这漫长的道路，从这个状态过渡到另一个状态的？为了解答这个问题，卢梭设想了两次"巨大的变化"；由于这两次巨大变

① 第戎科学院征文题目中的后一个问题，卢梭认为不妥。关于这一点，请参见本书第39页译注②。

化的结果，才使处于自然状态中的人过渡到社会状态。

这两次巨大的变化中的第一次变化，是大自然造成的，是各种外因的综合，例如人的生活环境的突然变化，改变或破坏了人赖以生存的条件，依赖土地和山林的出产与气候的适宜的人遇到了灾难性的困难，迫使他们不得不联合起来结成小型的群体，才能渡过难关，于是出现了初期的家庭；有了家庭随之就有了少量的家庭财产和简单的语言。在卢梭看来，由小型的群体形成的这种社会状态，是“人类真正的青年时期”（第 95 页）。这段时间是“人类最幸福的时代，同时也是持续的时间最长的时代，关于这一点，我们愈是深入研究，便愈是发现这种状态是最不容易发生剧变的状态，因此对人类来说是最好的状态，只是由于某些后果严重的偶然事件相继发生（为了共同的利益，它们永不发生就好了），人类才脱离了这种状态”（第 95 页）。不过，这时候离卢梭描述的“不平等的极限”（第 120 页）还十分遥远，还需要第二次巨变才能完成导致人类堕落的最后一个步骤。

这第二次巨变，卢梭认为是冶金和农耕这两种技术的发明。这两种技术使人类进入了一种“事物的新秩序”（第 99 页）。这一演变，不是大自然造成的，而是人为的结果。“使人走向文明但使人类走向堕落的东西，在诗人看来是黄金和白银，但在哲人看来却是铁和小麦。”（第 96 页）

这第二次巨变，又引起了一系列其他的变化。卢梭告诉我们：“循着人与人之间的不平等现象在这几次革命性的变化中的进展情况继续探讨下去”（第 116 页），就可发现法律和个人产权是怎样确立的，就可看出政治权力是怎样演变成专制制度的。《论不平等》第二部分所要揭示的就是这些伦理和政治问题的奥秘。

李 平 沤

2005 年 7 月

凡属于自然的东西，我们就不要在天性已经败坏的人的身上去寻找，而应当在行事合乎自然的人的身上去寻找。①

亚里士多德：《政治学》卷一。

① 卢梭在这里用亚里士多德的这句话作全书开篇的引子，是为他在本书中批驳亚里士多德的观点作伏笔。他不赞成亚里士多德所说的“天然的奴隶”。这一点，他在后来的《社会契约论》中说得更清楚。他说：“亚里士多德曾说过，人根本不是天然平等的，而是有些人天生是做奴隶的，另一些人天生是来统治的。”他认为亚里士多德的这个说法是错误的，因为，“假如真有什么天然的奴隶的话，那只是因为已经先有违反了天然的奴隶。强力造出了最初的奴隶，他们的怯弱则使他们永远当奴隶。”（《社会契约论》，何兆武译，商务印书馆 1987 年版，第 11 页）

献　　词[①]

献给日内瓦共和国[②]

贤明的、尊敬的和执掌国政的

各位大人：

由于我深信为自己的祖国奉献她能接受的荣誉，是一个有道德的公民应尽的职责，所以三十年来，我辛勤工作，以期配在公众面前向各位大人致以敬意。现在，这一可以弥补一部分我的努力之不足的幸运的机会终于到来，因此，我认为，在这篇献词中，我行文应多凭这激励着我的一片热情，而少依仗我可以享受的权利。既然我有幸生长在你们中间，我怎么能在阐述大自然在人与人之

① 这里的“献词”二字，是译者所加。——译者

② 日内瓦自1541年起，信奉宗教改革家喀尔文的教义。它与当时的各君主国都没有联系；它自己成立了一个共和国，国家的立法和行政工作，由全体公民组成的大议会和由二百人会议推选出来的二十五个成员组成的小议会掌管；实际的权力，在小议会的二十五个成员手中。

这里说“献给日内瓦共和国”，意思是献给全体公民，即大议会，然而按当时的程序，他应当先征得执掌实权的小议会的同意，才能把献词献给它，但这样做，就必须先把书稿送给小议会审阅。卢梭不愿意这样办。他不愿意让别人审查他的书，以致在书发表之后，引起小议会的不满。这一点，卢梭后来在《忏悔录》第11卷中说他“知道《论不平等》在日内瓦小议会中激起了对我的仇恨，而且，这种仇恨越是不敢公开表示出来，便越是具有伺机报复的危险性。”——译者

间安排的平等和人们所制造的不平等的过程中,不探讨人们可以运用的深邃智慧,以最接近自然的法则和最有利于社会的方式,在这个国家里,把两者和谐地结合起来,以便既维护了社会的秩序又保障了个人的幸福呢?在研究良知要求一个政府的运作应当遵循的最好准则时,我是如此惊奇地发现,它们在你们的政府中都得到了实行,以致,即使我不是出生在你们的国度,我也不能不把这幅反映人类社会的图画呈献给你们,因为,在我看来,你们是世上各民族中享有政府的种种利益而又最有效地杜绝了政府弊端的人民。

如果要我选择我的出生之地,我将选择这样一个国家:她的幅员以人的劳作能达到的范围为限,也就是说,以有效地治理这个国家的能力为限;在这个国家里,每个人单凭自己的力量便足以完成自己的工作,谁也不会把自己承担的事情推给他人去做。而且,在这个国家里,彼此都互相认识:无论恶事是多么隐蔽,善行是多么细微,都不能逃脱公众的眼睛和评论。由于有彼此经常会面和互相了解的良好习俗,所以,人们把对祖国的爱升华成了对公民的爱,而不仅仅是对土地的爱。

我愿出生在这样一个国家:在这个国家里,主权者和人民只能有一个共同的利益,以便国家机关的一切活动都永远以共同的福祉为宗旨,而要做到这一点,就必须人民和主权者彼此视为一体,因此,我愿出生在一个施政温和的民主政府治理下的国家。

我希望我在有生之日是自由的,死的时候也是自由的,这就是说,我要如此忠实地服从法律,无论是我或其他的人,都不能脱离法律的光荣的约束。这种约束是有益的和温和的,即使是最骄傲的人也愿驯顺地遵守，因为他不是为了受其他的约束而生的[①]。

我希望在这个国家里，谁也不能自认为高居在法律之上，而任何一个国外的人也不能强要这个国家承认他有此权威，因为，不论一个政府的体制如何，只要有一个人不受法律的约束，其他的人就必然会受他的任意摆布。〔一〕[②]如果有一个本国人为首领，同时又有一个外国人担任首领[③]，则无论他们如何分配权力，他们两人都不可能为人们很好地服从，国家也不可能得到很好的治理。

我不愿意居住在一个新建立的共和国里，不论她有多么好的法律，我也不愿意，因为我担心不按当时的需要而成立的政府不适合新的公民，或者说公民还不适合新的政府。因此，这个国家几乎在她诞生之时便有发生动乱或被摧毁之虞。自由和食物一样，对人的效用将因人而异；以食物为例，鲜美的固体食物，体质强壮并常吃这类食物的人食之，当然大有裨益，可增强身体，然而体质柔弱的人食之，则徒增肠胃的负担，有损健康，陷于沉醉。人民一旦过惯了在首领统治下的生活，就不可能从这种状态中走出来。如

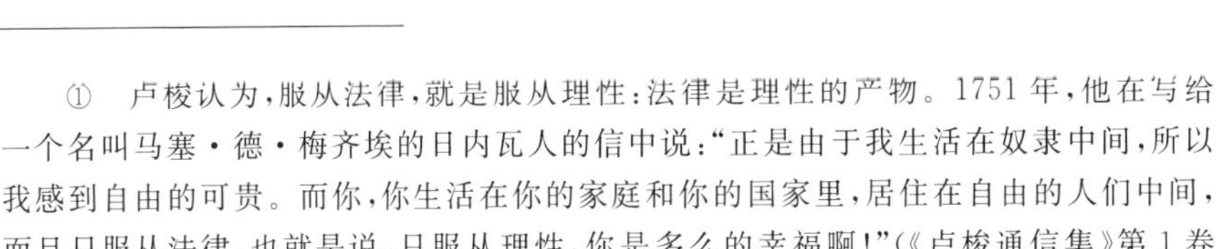

① 卢梭认为，服从法律，就是服从理性：法律是理性的产物。1751 年，他在写给一个名叫马塞·德·梅齐埃的日内瓦人的信中说："正是由于我生活在奴隶中间，所以我感到自由的可贵。而你，你生活在你的家庭和你的国家里，居住在自由的人们中间，而且只服从法律，也就是说，只服从理性，你是多么的幸福啊！"（《卢梭通信集》第 1 卷第 154 页）——译者

② 参见书后作者所加的注释〔一〕。以后用方括号标示的注释，均见所附卢梭所加的注释。——译者

③ 指罗马教皇。——译者

果他们试图摆脱枷锁,他们将更加远离自由;他们将把与自由背道而驰的恣意行事和胡作非为当成自由;他们的革命最终将使他们落入蛊惑家的手里,使他们身上的锁链更加沉重。作为所有自由人民的楷模的罗马人,在摆脱了塔尔干王朝的压迫之后,尚没有自己管理自己的能力。奴隶制度和塔尔干王朝强要他们从事的卑贱的劳动,败坏了他们的本性,因此,他们起初只不过是一群无知的愚民,必须以极大的智慧加以安抚和治理,才能使他们慢慢习惯于呼吸自由的新鲜空气,才能使这些在暴政统治下已变得头脑十分迟钝甚至有些呆傻的人逐渐具有纯朴的民风和剽悍的勇气,并最终成为世界各民族中最受尊敬的人民。因此,我要寻找一个兴盛的和安宁的共和国作我的祖国;她古老的东西在某种程度上已随着岁月的流逝而消失;她经历的磨难和沧桑,正可以鼓舞她的居民的勇气和对祖国的爱;她的公民久已养成高尚的独立精神,因此,他们不仅是自由的,而且是配享自由的。

我愿意选择这样一个国家作我的祖国:这个国家,正是由于她的力量微弱,所以没有出兵征服他国的野心,而更幸运的是,由于她的地理位置的优越,因而免除了她自己被别国征服的忧虑。这个自由的城市周边的国家①,不仅没有一个有侵略她的意图,而且全都愿意挺身出来防止其他国家侵略她。这个共和国,一言以蔽之,不仅不会引起邻国的觊觎,而且有理由在需要的时候得到邻国的帮助。因此,她的地位是如此之好,以致,除了她自身以外,其他

① "自由的城市",指日内瓦;"周边的国家",指法国、撒丁王国和瑞士的几个邦。——译者

一切她全不怕[①]；尽管她的公民也从事军事训练，但不是为了防务的需要，而只是为了让他们保持尚武的精神：这种英勇的气概，是维护自由和培养对自由的爱所必须具有的品质。

我愿选择一个立法权属于全体公民共有的国家作我的祖国，因为，有谁比全体公民更清楚他们在什么条件下才能共同生活在同一个国家之内呢？但我不赞成类似罗马人实行的那种“平民公决”，因为，按照这个办法，国家的首领和与保卫国家最有关系的人往往被排斥在与国家的安全有关的会议之外，而且，更荒谬的是，连普通公民都享有的权利，竟不让行政官享有。

相反，为了防止出现谋求私利和考虑不周的法律以及那种最终使雅典人走上衰亡道路的危险的改革计划，我主张：无论任何人都无权因自己的心血来潮而随意提出新的法律。只有主管的官员们才有这种权利；我希望他们应慎之又慎地使用这种权利，而人民则应思之再三才能对法律的制定表示赞同；对于法律的公布，尤应把它当作一件十分庄严的事情来进行。只要宪法没有被动摇，人民将随着时间的推移而认识到：法律之所以具有神圣的性质和受到人们的尊重，是由于法律的历时悠久；朝令夕改，变化无常的法

① 关于日内瓦共和国与其他国家的关系，达朗贝尔在《百科全书》第7卷“日内瓦”这个条目中有一段很有趣的描写：“这是一件非常奇怪的事情：一个仅有两万四千公民的城市，在它零零散散的土地上总共不到三十个村庄，也公然是个主权国家，是欧洲最繁荣的城市之一。它以享有自由和善于经商贸易而成为富国。在它的周围，战争从来没有间断过，但它一点也不感到战火纷飞之苦；那些震撼欧洲的大事件，在它看来只不过是一场戏，它袖手旁观，从来不参加。它和法国有条约和贸易关系，它和英国有宗教和贸易关系，但它十分明智，在这两个大国互相攻打的时候，从来不站在任何一边；它不偏不倚地给它们主持公道，评判各国的君主，既不吹捧谁，也不伤害谁，更不怕谁。……”（见《法国散文精选》，李平沤选编，北岳文艺出版社1999年版，第207页）

律，必将受到人民的轻视。如果人们一再在把事情办得更好的借口下，忽视古老的风尚，则必将为了改革微小的弊端而带来更大的祸害。

我尤其要躲避这样一个必然治理得不好的共和国：她的人民认为可以不要行政官员，或者只给行政官员一种不明确的权力，从而越俎代庖，自己掌握民政和执行法律；当初刚刚脱离自然状态的政府草创之时，就是这种情形，使雅典共和国陷于覆亡的弊病之一，就是如此。

我要选择这样一个共和国：这个共和国的人民，由于自愿把自己的权能限制于对法律的审批，限制于根据首领的报告而集体对重大的公共事务做出决定，因此，他们将建立一些受人们尊重的机关，并慎重分配它们的职责。这个共和国的人民，每年都要选举他们当中最能干和最正直的同胞掌管司法和治理国家。在这个共和国里，行政官员的操守将充分反映人民的贤明：官员和人民彼此是互相尊重的。因此，即使偶尔有不愉快的误解损害公众的和睦，但在这行事盲动和屡出错误的时期，也到处是一片有礼有节和互相尊重的气氛，而且一切都按法律办事；这是真诚的和持久的同心协力的表征和保证。

贤明的、尊敬的和执掌国政的各位大人，以上是我在我选择的祖国中所寻求优点。除了这些优点以外，如蒙上帝眷顾，使这个国家能有一个优越的地理位置、温暖的气候、肥沃的土地和普天之下最美好的景致，则为了使我的幸福臻于圆满，我唯一希望的是：我能在这个昌盛的祖国的怀抱里享受这所有一切好处，与我的同胞平平安安地在一个宁静的社会里生活，并按照他们的榜样，和他们

以仁心和友情相待，处处表现出美好的德行，在我的身后留下一个善良的、诚实的和有道德的爱国者的光荣的美名。

虽说我的命运欠佳，持身严正过迟，因而不得不在异国他乡过着一种消沉颓废的生活以了此一生，徒然追悔我青年时期因行事不慎而失去的安适和宁静，但在我心中，我至少还保持着我在我的国家未能表达的感情，对我相隔万水千山的同胞抱有一种真切的和无私的爱，因此，我现在要向他们吐露我如下的肺腑之言：

我亲爱的同胞们，或者更确切地说，我亲爱的兄弟们，由于亲情和法律把我们联系在一起，因此使我感到喜悦的是，在我想到你们的时候，我不能不同时想到你们所享有的种种幸福。我相信，在你们当中没有一个人比我更了解失去这些幸福是何等痛苦。我愈是思考你们所处的政治的和社会的状况，我便愈是难以想象世上还有谁比你们有更好的处境。在其他各国政府中，一谈到如何保障国家的最大利益时，大家便停留在空谈这样或那样的方案，或者顶多也只是谈一些简单的可行性。而你们，你们的幸福早已铸造成功，只待你们去享受。为了成为完全幸福的人，你们只需知道如何满足于你们现在的状况就可以了。你们以刀剑取得的和夺回的主权，由于你们的英勇和明智，已经保持了两个世纪，并最终得到世界各国的完全承认。你们与他国缔结的庄严条约，划定了你们的疆界，保证了你们的权利和安宁。你们运用崇高的理智制定的宪法，是十分的完善，得到了友好的和可敬的国家的保证。你们的国家是安宁的，对外没有战争，也不担心哪个国家会来侵犯你们。除了你们自己制定的，并由你们选派的正直的官员执行的公正的法律以外，你们便没有其他的主人。你们既不富有到被奢侈的生

活所腐败，因而在无聊的享乐中失去了对真正的幸福和高尚的道德的爱；也不贫穷到除了你们自己的劳动所得之外，还需要外国的接济。在大国中必须缴纳沉重的捐税才能得到的珍贵的自由，你们几乎分文不花便可享有。

为了公民们的幸福和向各国人民树立榜样，但愿这样一个组建得十分完善的共和国能永世长存！你们今后应抱的心愿，就只有这么一个；你们今后应关心的事情，就只有这么一件。你们要做的事情，不是铸造幸福（因为你们的祖先已经为你们铸造好了）而是要善于享受你们现有的幸福，使之能保持长久。你们的国家是否能存在，全看你们是否能够永远团结，是否服从法律和尊重执行法律的人。在你们之间，只要有丁点儿怨天尤人和猜疑的苗头，就赶快把它视为有害的毒素而加以消除，因为它迟早会成为苦难和国家危亡的祸根。我希望你们立身行事全都本诸自己的心，倾听你们良心的隐秘的声音。在你们当中，有谁曾经在这个世界上见过比你们执政的官员更正直、更贤明和更可尊敬的人？他们在行事谨慎、作风朴素、尊重法律和与人为善的真诚态度方面，不是个个都做出了表率吗？因此，你们要像有理智的人对有道德的人那样，毫无保留地对如此贤明的官员予以充分的信任。你们要时时记住：他们是你们所挑选的人，他们的政绩证明了你们的挑选是正确的，而你们郑重推选的人员所得的荣誉，最后也必然会归之于你们。在你们当中，谁也不会愚蠢到不明白法律的效力和护法者的权威一旦消失，任何人都将没有安全和自由。因此，在你们之间，应如何推心置腹，根据你们的利益、职责和理智做你们必须做的事，其关系之重大，还用得着我说吗？如果你们对维护宪法抱漠不

关心的恶劣态度，你们就会在必要的时候失去你们当中最贤明和最热情的人的卓越见解的指导。但愿你们继续奉行为人公正、稳重和坚强不屈的准则，成为世界人民景仰的楷模：既骄傲又谦逊、既热爱荣誉又热爱自由。我最后一个忠言是：你们切不可听信那些歪曲事实和充满毒素的言论，因为它们秘密的动机往往比根据这种动机做出的行为更加险恶。只有那些在盗贼走近屋子之时才吠叫的忠实的看门狗，才能张口一叫，就把全家的人叫醒起来保持戒备；而那些无端狂吠，不断扰乱公众安宁的狗，是只会引起人们的憎恨的，它们不论有事无事都叫个不停的声音，即使在该听信的时候，也是没有人听的。

你们，贤明的和尊敬的执掌国政的人们，自由人民的正直的和可敬的官员，请允许我向你们致以衷心的敬意。虽说世界上有一种地位能使占有这种地位的人获得荣耀，但毫无疑问，那也是因为你们有才能和道德高尚的缘故，是因为你们当之无愧，而且是由你们的同胞把你们选拔到这个位置上来的。他们的功绩给你们的功绩增添了一种新的光彩。我发现：正如一个自由的民族，尤其是你们有幸领导的这个民族，比其他国家的平民高出许多一样，你们也比其他国家的官员高出许多，因为你们是由能够治理他人的人挑选出来治理他们自己的。

请允许我举一个至今尚留下美好的记忆而且时时浮现在我心中的事例。每当我想起那个赐我以生命的有道德的公民时[①]，我的心情便不能不十分激动，因为他在我童年时期经常教导我要对你们十分尊敬。我现在还仿佛看见他仍然凭他的双手劳动谋生，

① 指其父伊萨克·卢梭。——译者

以高尚的道德情操培养他的心灵。我看见他把塔西佗、普鲁塔克和格劳秀斯的著作与他的劳动工具一起放在他面前。我看见他亲爱的儿子在他身旁接受最慈祥的父亲的良好教育，尽管他的儿子接受教育的成绩太差。虽然我在荒唐的青年时期曾误入歧途，因而有一段时间把我所受的如此美好的教育置诸脑后，但我依然欣慰地认为：不管一个人有多大的邪恶倾向，他的父亲呕心沥血给他的教育，是很难消失得一干二净的。

各位贤明的和尊敬的大人，诞生在你们治理的这个国家的公民甚至普通居民，就是如此；有教养的和通达事理的人，就是如此；然而，这样的人，在其他国家却被称为工人和平民，把他们看得十分卑微，对他们抱有许多谬见。我很愉快地承认，我的父亲在他的同胞中并不是一个杰出的人，他和大家是一样的。但是，像他这样的人，无论到什么地方，都有最诚实的人和他交往，感情日益浓厚，甚至结下友谊。像他这种品质的人，应该受到你们的敬重，这一点，无须我向你们多说，而且，上天为证，也用不着我向你们谈起，因为，在所受的教育方面，在自然的权利和因出身而享有的权利方面，他们和你们是平等的，而他们之所以在你们之下，是出自他们的自愿，出自他们对你们的功绩的承认和尊重；他们这样尊敬你们，你们对他们也应报之以感激之情[①]。我非常满意地了解到：你

① 卢梭在这里谈到对他父亲应有的尊重，显然是在替他的父亲鸣不平。他在《忏悔录》中说，他的父亲伊萨克·卢梭和退休军官皮埃尔·戈迪耶发生斗殴后，“法院要把我的父亲抓入监狱，但他坚持要求按照当时的法律把原告也同时抓来和他一起坐牢。他的要求没有获准，他只好离开日内瓦，宁愿一生流落异乡，也不愿意在一件他认为有伤荣誉和自由的事情上让步。”（参见卢梭，《忏悔录》，卷1）——译者

们循循善诱的态度，缓和了法律的执行者们应该具有的冷峻表情；他们对你们是何等服从和尊重，你们对他们也应何等地诚心相待和关怀备至：这种充满公平和明智的做法，最能逐渐消弭对往日不幸事件的回忆，最终忘记它们，永远不再提起；你们的做法是如此的贤明，以致公正和宽厚的人民把尽自己的天职看作是一种乐趣，而且自然而然地乐于对你们表示尊敬；最努力于维护自己权利的人，也是最真诚尊重你们权利的人。

说文明社会的领袖们热爱荣誉和幸福，因而对这个向他们提供生活资料的地上的祖国有某种爱心，这是不足为奇的；然而，说那些把自己看作是官老爷，或者说得更确切一点，把自己看作是一个更神圣美好的祖国的主人的人也爱这地上的祖国，那就太离奇，令人难以置信了。不过，请允许我从我们的国家举一个罕见的例外，把那些为法律所认可的神圣的教义的热心的传播者，把那些可敬的人类灵魂的牧师，列入最好的公民的行列之中，因为他们用他们生动畅晓的语言把福音书中的箴言传入人心，而且总是以身作则，实践那些箴言！大家都知道，传道这门伟大的艺术，在日内瓦是探讨得多么成功。然而，由于人们对言行不一的事例看得太多，所以很少有人相信我们的教士是多么普遍地具有基督教的精神、圣洁的品行和严于律己宽以待人的作风。也许只有日内瓦这个城市做出了宗教团体和文化界人士紧密团结的榜样。我把国家永享安宁的希望寄托在世所公认的他们的睿智和克己的精神上，寄托在他们盼望国家永远昌盛的热忱上。我怀着既惊异又敬重的心情看见他们是多么憎恶历史上屡见不鲜的那些道貌岸然而行事却十分野蛮的人奉行的荒谬教条：这种人经常以维护上帝的权利为名

行维护他们自己利益之实，竟不惜牺牲他人的生命来保护自己的生命。①

我怎么能忘记共和国中占人口总数一半的可敬的妇女们呢？是她们给另一半人创造了幸福，是她们的温柔与智慧维护了国家的安宁与善良的风俗。可爱的和道德高尚的女公民们，你们的命运永远左右着我们的命运。当你们只是为了国家的荣誉和公众的幸福，才运用你们在夫妻关系中所特有的纯洁的权威时，男人们是感到多么幸福啊！斯巴达的妇女之所以能主导男人的行为，其原因就在于此；你们之能在日内瓦主导男人的行为，其原因也在于此。哪一个粗野的男人能抗拒温柔的妻子口中发出的为维护荣誉和真理而行动的声音？当我们看见佩戴在你们身上而倍增光彩的简朴的服饰似乎更衬托女性的美时，谁不鄙弃那些浮华的奢侈呢？你们要运用你们不怒而威和循循善诱的影响力，使人们遵守国家的法律与维护公民之间的和睦，并通过幸福的婚姻使不和的家庭重归于好，特别是要运用你们容易为人接受的教导和高雅的谈吐，去纠正我们的青年人从其他国家学来的坏毛病；他们在那些国家，不去学那些对他们有益的好东西，反而去学那些浪荡女人娇声娇气的音调和可笑的姿态，欣赏那种我叫不出名字的所谓公子哥儿气派，实际上，这种气派乃是掩饰他们内心空虚的无聊的东西，与庄严的自由是风马牛不相及的。愿你们永远像现在这个样子，作良风美俗的忠实的保卫者，作国家安宁的纽带，而且，无论何时何

① 这段措辞严厉的话，实际是在不点名地批评日内瓦政教合一的政府领袖喀尔文，他曾下令将著名的泛神论神学家米歇尔·塞尔维活活烧死。——译者

地，都要为了尽天职和行美德而继续发挥你们的热情，继续行使你们自然的权利。

我感到庆幸的是，事实证明，我把公民共同的幸福和共和国的荣誉能得到永远维护的希望寄托在以上的种种保证上，是正确的。我承认，共和国尽管有这些优越的地方，但她不会发出令大多数人眼花缭乱的闪光；对这种闪光的喜爱，是幼稚的表现，是有害的，是幸福和自由的死敌。让行为浪荡的年轻人到别处去寻求无聊的欢乐吧，他们将为此而后悔一生。让那些所谓的有高雅趣味的人到别处去欣赏宫廷的豪奢、车辆的华丽、家庭陈设的气派和排场的铺张以及种种骄奢淫逸的享受。在日内瓦，人们看到的都是些普普通通的人，然而，这样一种景观却蕴含着深远的意义；那些想到日内瓦来看这一景观的人，必将赢得欣羡其他事物的人的称赞。

贤明的、尊敬的和执掌国政的各位大人，请惠予接受我祝愿你们共同幸福的真诚表示。如果我在这篇尽情吐露我心中肺腑之言的献词中有什么言语不周因而开罪各位大人的地方，我请求你们念及一个真正的爱国者的一片赤忱，念及一个只有看见你们全都幸福他才感到幸福的人的一片真心，而加以原宥。

贤明的、尊敬的和执掌国政的各位大人，请接受我向你们表达的

最诚挚的敬意！

你们最谦卑的、恭顺的仆人和同胞

让-雅克·卢梭

1754年6月12日于尚贝里

序　言

在我看来，在人类所有的各种知识中，对我们最有用但是是我们掌握的最少的，是关于人的知识。〔二〕我敢断言，德尔菲城①的神庙上那道短短几个字的铭文②包含着一句比所有伦理学家的巨著都更意味深长和难以做到的箴言。因此，我把这篇论文的题目看作是哲学领域所能提出的最有意义的问题之一，然而不幸的是，在我们看来，它也是哲学家们感到最难以解答的问题之一。因为，如果不首先从对人本身有一番认识开始，又怎么能找出人与人之间不平等的起因呢？如果不从时间的推移和世事的沧桑在人的本质上引起的变化着手研究，又怎能了解当初大自然创造的人是什么样子呢？又怎么能把人固有的东西和环境与人的进步对他的原始状态添加的或改变的东西加以区别呢？如同格洛巨斯的雕像之遭到天气和海水的侵蚀与狂风暴雨的吹打，已经被弄得不像一尊海神而像一头猛兽，人的灵魂也一样：在社会环境的重重包围中，由于千百种不断产生的原因的影响，由于在获得了许多知识的同时又接受了许多谬见，由于身体气质的变化和欲念的不断冲动，可

① 德尔菲城：位于巴腊斯山脚下的一座古希腊名城。——译者

② 那道铭文是："你自己对你要有所认识。"——译者

以说，人的灵魂也是被弄得几乎认不出来了。人们发现，他已不再是始终按确定不移的原则行事的人了，他的表情已失去了造物主给他打上的表现天国庄严的纯朴的烙印：他已面目全非，他的欲念代替了理智，他心思混乱，行事全凭一时的心血来潮。

更糟糕的是，由于人类的一切进步都在不断使人离开他的原始状态，因此，我们愈是积累新的知识，我们便愈是失去获取知识之中最重要的知识的手段，而且，从某种意义上说，正是由于我们对人进行研究，我们反而愈是找不到如何去认识人的门径。

显而易见，要寻找使人之所以有差别的最初的原因，必须到这一连串连续不断的变化中去探索，才能找到。大家都承认，人与人之间，生来是平等的，这和动物中的情形是一样的：在各种各样不由自主的原因使某些种类的动物产生了我们今天尚能见到的变化之前，在同一种动物的内部，彼此是平等的。然而，不论当初的变化是怎样产生的，我们都不能设想它们在同一个时间用同一种方法使人类中的每个个体都发生了质的变化。他们之中，有些人变好了或变坏了，获得了不属于他们固有的或好或坏的品质；而另外一些人却在较长的时间内依然是原来的样子。这就是人与人之间的不平等之所以产生的最初的根源。不过，这样概括地表述这种情形，是比较容易的，而要具体地精确说明真正的原因，就比较难了。

各位读者，请不要以为我在夸口我已经发现了我觉得难以发现的东西，我只是在某些方面进行了推论。我大胆地提出了一些推测，其目的，不在于想解答这个问题，而是想使这个问题易于为人了解，并揭示它真正的内容。其他的人也许能在这条路上很轻易地走得更远一点，然而要他们各个都达到终点，那就不容易了。

因为要分辨人的天性中，哪些是原有的东西，哪些是人为的东西，而且能很好地描绘现在已不复存在，而过去也许根本就没有过、将来也永远不会有的状态，并不是一种轻易的事情，然而，我们必须对这种状态有一个正确的概念，才能很好地审视我们现在的状态。谁想确切地说明须要注意哪些事项，才能在这个问题上做出立论严谨的阐述，谁就须要有一套更好的哲学方法；谁能对后面的问题做出一番好的解答，我认为，谁就可以说是我们这个时代的亚里士多德[①]和普林尼[②]："须要进行哪些实验，才能了解自然的人？在现今的社会中，须要采用哪些方法，才能做这种实验？"尽管我不夸口能解答这些问题，但我自信我曾对这些问题进行了相当多的思考，因此敢斗胆直言：即使是最伟大的哲学家，也不可能伟大到敢来指导这一实验工作；即使是最强有力的国君，也不可能强有力到敢来进行这项实验；至于说让他们两者通力合作，共同完成这一实验，那更是无法指望的，因为这项实验的进行，需要有恒心，需要一系列明智的决策和善意，才能成功。

这项研究工作做起来是如此的困难，所以今天还很少有人去做，然而它是我们在探索人类社会的真正基础方面排除一切困难的唯一途径。正是由于我们对人类天性的无知，所以才左右为难，不知如何对自然权利下一个明确的定义，因为，正如布尔拉马基[③]

① 亚里士多德（公元前384—前322）：古希腊哲学家。——译者

② 普林尼：指古罗马博物学家老普林尼（公元23—79），他的著述甚多，但留传后世的，只一部百科全书式的《博物学》，计37卷。——译者

③ 布尔拉马基（1694—1748）：日内瓦科学院教授，著有《自然权利原理》和《政治权利原理》等书。——译者

所说的，权利观念，尤其是自然权利观念，显然是与人的天性有关的观念。他还说，要推导出这一观念的原理，就应当从人的天性本身着手，从他的体质和他所处的状态着手。

然而，不能不令人吃惊和难以置信的是，在探讨这个重要问题的著述家中，却很少有意见一致的地方。在治学最严谨的作家中，几乎找不到哪两个人对这个问题的看法是相同的。且不说那些特意要在这些最基本的原理上互相驳难的古代哲学家，就连罗马的法学家也是不加区别地要求人类和所有其他动物都服从同样的自然法，因为他们认为，自然法这个名词指的是大自然加在它自身的法则，而不是它规定的法则；或者说得更确切一点，由于这些法学家是从特殊的含义来理解自然法这个名词，所以他们在这一点上似乎才用这个词来指大自然在所有一切有生命的生物之间为了共同生存而确立的一般的关系。现代的法学家们认为，“法”这个名词，指的是为有道德观念的生物规定的法则，也就是说，它是为有智慧的、自由的而且在与其他生物的关系中占最重要地位的生物规定的法则，因此，它的效力只适用于具有理智的动物，也就是说，只适用于人。然而，由于他们各人按各人的理解来阐述这种法则，所以他们采用的原理是那样的抽象和深奥，以致在我们中间很少有人能理解那些原理，更不用说自己去发现它们了。这些学者所阐述的论点，互相矛盾，莫衷一是；他们只有在这一点上是一致的，那就是：不首先成为一个大推理家和立论高深的玄学家，便不能理解自然法，更不用说遵循自然法了。这就是说，为了建立社会，人类曾运用了许多即使在现今的社会也是要费一番大力气而且只有

很少的人才能具有的智慧。[①]

由于对大自然的了解是如此之少，对“法”这个名词的意思的解释是如此之分歧，因此，很难给自然法[②]下一个很好的定义。在著述家们的著作中找到的各种定义，除了极不一致这个缺点以外，它们还有一个缺点是：它们是从人类本来就没有过的几种知识中归纳出来的，是从人类只有在脱离自然状态之后才能想象到的有利状况中归纳出来的。他们的入手之道是：先寻找人类为了共同的利益而彼此同意的法则，然后把它们汇集起来，便称之为自然法；他们这样做法的唯一根据是：这些规则有能为人们普遍实践的实效。这当然是下定义的最简便的办法，是随心所欲地解释事物性质的最简便的办法。

然而，只要我们不了解自然人，我们就无法确切了解他愿意服从的法则或最适合于他的体质的法则。在“法”这个问题上，我们看得最清楚的是：它要成为“法”，就不仅需要受它约束的人自愿服

① 卢梭认为，哲学家用推理的方法推导出来的自然法，不可能是还没有推理能力的人所服从的自然法。在这一点上，他和孟德斯鸠的看法是相近的；孟德斯鸠就没有把处于自然状态的人看作是“一个大推理家”，他说：“如果要很好地认识自然法，就应该考察社会建立以前的人类。自然法就是人类在这样一种状态之下所能接受的规律……当人还在自然状态的时候，他应当是只有获得知识的能力，而知识却是不多的。显然，他最初的思想绝不会是推理的思想，他应当是先想如何保存自己的生命，然后才能去推究他的生命的起源。”（孟德斯鸠，《论法的精神》，第1卷第2章第2节《自然法》，张雁深译，商务印书馆1982年版，第4页）——译者

② 第戎科学院征文的原题是：“人与人之间不平等的起因是什么；这种现象是否为自然法所容许？”

卢梭认为这个题目的后一个问题的提法不妥，因为在人类社会出现以前，自然法什么也没有容许，既没有容许不平等，也没有容许平等，因此，他把原题的后一个问题删掉，将全题改为：“论人与人之间不平等的起因和基础”。——译者

从它，而且它还需要直接以自然的声音表达，它才合乎自然。

只要我们把所有那些对我们只讲述已经变成现今这个样子的人的论著都束之高阁，并仔细思考人的心灵的最初的和最朴实的活动，我敢断定，我们就会发现两个先于理性的原动力[①]：其中一个将极力推动我们关心我们的幸福和保存我们自身，另一个将使我们在看见有知觉的生物尤其是我们的同类死亡或遭受痛苦时产生一种天然的厌恶之心。只要我们的心灵能使这两个原动力互相协调和结合起来，即使没有社会性这一动力，我觉得，自然法的一切规则也能从其中产生出来；不过，在此之后，由于理性不断发展到终于窒息天性的时候，它就不得不把这些规则奠定在其他的基础之上了。

这样，我们就用不着先把人造就成哲学家，然后才把他培养成人，他也不必非要等到理智姗姗来迟的教导启发他，他才知道他对别人应尽的义务。只要他不抗拒怜悯心的内在的冲动，他就不会伤害其他的人，甚至不会伤害任何一个有知觉的生物，除非在他的生命受到威胁的时候，他才不得不先保全自己。我们可以用这个办法来结束关于动物是否也受自然法的约束这一历时已久的争论，因为动物不具备智慧和自由意志，它们显然是不认识这个法则的；然而，由于它们也赋有感觉，在某些方面也如同我们具有天性一样，它们也将受到自然法的支配，人类也应当对它们尽某些义务。的确，我之所以不应当伤害我的同类，其理由，似乎不在于他

---

① 爱自己和怜悯他人，是出于心灵本能的活动，这一点，卢梭在这篇论文的第一部分和书后的注释〔十五〕中又做了详细的阐述。——译者

是一个有理性的生物，而在于他是一个有感觉的生物；这是动物和人都有的优点，因此，动物有权利要求人类不要无端地虐待它们。

对原始人以及他的真正需要和他的日常活动的基本原理所采取的这种研究方法，也是我们在研究精神上的不平等的起因方面，在研究政治团体的真正基础和它的成员之间的相互权利方面，在研究千百种类似的既重要而又未阐述清楚的问题方面，可以用来解决许多困难的唯一的好办法。

当我们用冷静的和客观的眼光来观察人类社会时，我们首先看到的是一种恃强凌弱的情形，于是，我们的心灵对一部分人的冷酷无情感到愤慨，对另一部分人的愚昧无知感到痛心；而且，由于人与人之间再也没有什么东西比被人们称为强与弱、富与贫这类由偶然的因素而不是由智慧造成的外在的关系更不稳定，所以乍眼一看，人类社会是建立在许多流动的沙堆上的。只有经过一番仔细的观察，扫清这幢建筑物周围的尘沙之后，人们才能发现它不可动摇的根基，才知道应如何尊重它的基础。如果对人类，对人的天然的能力和他的天然的能力的持续不断的发展，不进行认真的研究，我们就不可能做出这些区别，就不可能在事物的现状中区分哪些是遵照上帝的旨意而做的，哪些是人的艺术试图做的。由我所研究的这一重大问题引发出来的对政治和道德的研究工作，从各方面看都是有用的；我所假想的各种政体的历史，从各方面看，对人类也是一个可资参考的材料。当我们一想到如果让我们放任自流地发展，我们将变成什么样子的时候，我们一定要祝福这样一个人：他用他那造福人群的手纠正了我们制度上的种种错误，并赋予它们不可动摇的基础；他防止了从这些制度中可能产生的混乱，

并用一些看起来好像会给我们带来苦难的方法，给我们创造了幸福。

你应当知道
神希望你成为什么样的人
和在人类社会中占据什么位置。[①]

① 佩尔斯，《讽喻诗》Ⅲ，第71—73页。——译者

关于注释的说明

我按照我工作时断时续的懒习惯，给这篇论文添加了一些注释。这些注释，有时候离题甚远，不适于和正文一起阅读，因此，我把它们放在全书的末尾，而论文的正文，我是尽了最大的努力，行文紧扣本题的。有勇气重读这篇论文的人，在读第二遍的时候，不妨当作消遣，浏览一下注释，寻找我文中未谈到的地方；而其他的人，即使一个注释也不看，也没有什么关系。

第戎科学院的征文题目

人与人之间不平等的起因是什么；

这种现象是否为自然法所容许？[①]

---

① 卢梭不赞同征文题目中的后一个问题的提法；关于这一点，请参见本书第 39 页译注②。——译者

小　　引[①]

我要论述的是人，我所探讨的问题告诉我，我是在向各位贤达陈述这个问题，因为，要是贤者害怕揭示真理的话，他们就不会提出这类问题了。因此，我要满怀信心地在允许我参加这次征文竞赛的各位贤达面前为人类的诉愿辩护。如果我能把我所拟的这个题目[②]阐述清楚，并得到各位评判员的嘉许，我将对我自己感到满意。

我认为人类当中存在着两种不平等，其中一种，我称之为自然的或生理上的不平等，因为它是由自然确定的，是由于年龄、健康状况、体力、智力或心灵的素质的差异而产生的。另外一种，可以称为精神上的或政治上的不平等，因为它的产生有赖于某种习俗，是经过人们的同意或至少是经过人们的认可而产生的。这种不平等，表现在某些人必须损害他人才能享受到的种种特权，例如比他人更富有，更尊荣，更有权势，或者至少能让他人服从自己。

我们用不着问自然的不平等的根源是什么，因为答案从这个词儿字面的意思就可看出来了。我们更用不着去追问这两种不平

① “小引”二字为译者所加。——译者

② 关于卢梭不采用第戎科学院原来的征文题目而自己另拟题目的原因，请参见本书第39页译注②和译者前言。——译者

等之间有没有实质性的联系，因为这种问法，等于是换句话问发号施令的人是不是必然比服从命令的人更优秀，他们的体力或智力、才能或品德是否总是和他们的权势或财富成正比。这样的问题，拿去问那些唯主人之命是从的奴隶，是可以的，而要拿去问那些寻求真理的有理智和自由意志的人，就不合适了。

然则，这篇论文要阐述的究竟是什么问题呢？它要阐述的问题是：在事物进步的过程中，什么时候权利接替了暴力，天性开始服从法律；其次，它还要阐明由于什么样的一连串奇迹，才使强者决心为弱者服务，才使人民决定牺牲真正的幸福去换取臆想的安宁。

对社会的基础作过一番研究工作的哲学家，都认为必须追溯到自然状态，但他们当中，没有一个人真正追溯到了这种状态。有些人[①]竟然认为处于这种状态的人有正义和非正义的观念，但他们没有指出处于这种状态中的人何以有这种观念，也没有指出这种观念对人有什么用处。另外一些人[②]虽然谈到了每个人都有保护一切属于他的东西的自然权利，但他们没有说明他们所说的“属于”是什么意思；还有一些人[③]一张口就赋予强者以统治弱者的权力，而且随之就说政府是由此产生的，可是他们没有想到要经过多么漫长的岁月之后，在人类当中才出现“权力”和“政府”这两个词儿。值得注意的是，他们各个都不厌其烦地在书中大谈什么人类的需要、贪心、压迫、欲望和骄傲，把人类只有在社会状态中才有的观念拿到自然状态中来讲：他们说他们讲的是野蛮人，但看他们笔

① 如格劳秀斯（《战争与和平法》）。——译者

② 如普芬道夫（《自然法和国际法》），特别是洛克（《政府论》）。——译者

③ 如霍布斯（《利维坦》）。——译者

下描绘出来的却是文明人。尽管在我们大多数学者的头脑中从未怀疑自然状态曾经存在过,但一读《圣经》就发现,第一个直接从上帝那里得到智慧和训诫的人,他自己就没有在这种状态中生活过;如果我们都像基督教的哲学家那样相信摩西的著述的话,那就不能不认为大洪水发生之前的人类不是处于纯粹的自然状态,如果一定要说他们是的话,那也是由于某种特殊情况使他们陷入这种状态的:这种怪论,很难令人信服,而且没有办法加以证实。

因此,首先让我们抛开事实不谈,因为它们与我们探讨的问题毫无关系。切莫把我们在这个问题上阐述的论点看作是历史的真实,而只能把它们看作是假设的和有条件的推论,是用来阐明事物的性质,而不是用来陈述它们真实的来源,这和我们的物理学家在宇宙的形成方面每天所做的推论是相似的。尽管宗教的教义硬要我们相信是上帝亲自使人类脱离了自然状态,相信他们之所以不平等,是因为上帝希望他们不平等,然而宗教的教义并未禁止我们根据人的天性和他周围的事物进行一些猜测:如果让人类放任自流地自由发展,他们将变成什么样子。人们要求于我的,而我本人打算在这篇论文中阐发的,就是这个问题。由于我在这篇论文中谈论的是一般的人,因此我要尽量使用一种适合于各国人民的词句,或者说得更确切一点,我立论要不带任何时间或地域的色彩,而只想到我与之交谈的人;我要假定我是在雅典的校园中,重温老师讲授的功课,我的评判员都是柏拉图[①]和芝诺克拉底[②]式的人

① 柏拉图(公元前427—前347):古希腊哲学家。——译者

② 芝诺克拉底(公元前394—前314):古希腊哲学家,柏拉图的弟子,以德行高雅著称。——译者

物，我的听众是整个人类。

人们啊，不论你们是哪国哪省的人，也不论你们的看法如何，都请细心听我讲述；我讲述的，是我认为原原本本从书中（不是在那些谎话连篇的著述家的书中，而是在从不撒谎的大自然这本书中）读到的你们的真实的故事。凡是来自自然的东西，都是真的；只有我添加的东西才是假的，尽管我不是存心硬要把我的东西添加进去。我要论述的时代，离我们已经很遥远了，而你们也已经大变，不再是从前的你们了！我要描述的，可以说是你们这一类人的生活；我要按照你们得自上天的资质来描写，因为，尽管你们所受的教育和你们养成的习惯败坏了它们，但不能完全摧毁它们。我认为，从前曾经有过一个人们愿意永远停留的时代，你们将去寻找你们希望你们的同类都愿意永远停留的时代；对于你们现在的状态，你们有种种理由感到不满，因为它们预示着你们的不幸的后代还将感到更大的不满，以致你们反而愿意往后倒退：这种心境的本身就表明，你们在颂扬当初的祖先，在批评你们同时代的人，对那些不幸出生在你们之后的人感到担心。

第一部分

要深入探索人的自然状态，当然是应当从他起源的时候开始观察，也就是说，从他还处于最初的胚胎时期开始研究；但是，不论这个办法是多么的好，我也不采用。我不打算通过他的一连串的发展来研究他的肌体构造，我不想把时间花在从动物的系统中去探索人是怎样从当初的样子变成现在这个样子的。我也不会像亚里士多德那样去研究他长得长长的指甲当初是不是钩形的爪子，不研究他当初是不是像熊那样满身是毛并用四脚爬行，〔三〕不研究他的眼睛是不是老盯着地面因而他的视野不超过几步路，并因之决定了他的思想的特征和范围。在这个问题上，我只能作一些几乎是想象的大致的猜测。比较解剖学现今的进步甚微，而博物学家的论述又极不确切，因而不能把他们的论述作为可靠的论断的基础。如果不借助我们在这个问题上的一些超自然的知识，不根据随着人的四肢之派上了新的用途和有了新的食物因而在人的躯体中发生的内在的和外在的变化，我就会认为他早就是我们今天所看到的样子：用两只脚行走，与我们用我们的手一样地用他的手，他的视野遍及整个大自然，能用他的眼睛观测浩瀚的天空。

把如此这般成长起来的人得自上天的种种超自然的禀赋，以及他通过长期的进步而获得的后天的才能，都通通剥夺掉，换句话

说就是，完全按照他从大自然的手中出来时的样子观察他，我发现，他既不如某些动物强，也不如某些动物敏捷。不过，从总体上看，他身体的构造是比其他动物优越得多的：我看见他在一棵橡树下心满意足，悠然自得；哪里有水就在哪里喝，在向他提供食物的树下吃饱了就睡；他的需要全都满足了。

得天独厚的肥沃的土地，〔四〕到处都是从未遭到过刀斧砍伐的茂密的森林，为各种各样的动物提供了饮食和栖息的场所。分散在动物中间的人类，细心观察并模仿它们生活的本领，并逐步具有了动物那样的本能，而且，人还有这样一个高于其他动物的优点，即：每种动物都只有它自己固有的本能，而人尽管没有什么固有的本能，但他能把各种动物的本能全都学到手；其他动物各自吃它们自己能吃的食物，而大部分它们所吃的食物，人都能吃，〔五〕因此，他比其他动物都能更容易地找到养活自己的东西。

由于从儿童时期就习惯了风吹雨打和四时季节的变化，能吃苦耐劳，赤手空拳地裸着身子对抗凶猛的野兽，以保护自己的生命和猎获物，以快速的奔跑逃避猛兽的袭击，因此，人养成了一副坚强的而且几乎是不可败坏的体质。儿童一来到这个世界上便具有了他们父辈那样的强壮体魄，并通过各种可增强体质的锻炼，使他们的身体更加结实，获得人类能获得的最大的精力。大自然对待他们的办法，同斯巴达的法律对待公民的孩子的办法是一样的：使体格健全的儿童愈来愈身强力壮；而其余的儿童则任其死亡。在这一点上，大自然的做法和我们的社会的做法是不同的：在我们的社会里，国家使儿童成为父亲的累赘，在儿童还没有出生以前就不加区别地泯灭了他们的天性。

野蛮人的身体，是他能运用的唯一工具；他用他的身体来完成我们缺乏锻炼的身体不能完成的工作。我们的工艺使我们失去了为满足生活的需要而非具有不可的体力和灵巧的本能。如果野蛮人当初有一把斧子，他的手腕能折断那么粗实的树枝吗？如果他当初有一架投石器，他能用手那么有力地投掷石头吗？如果他当初有一把梯子，他能那么轻快地爬树吗？如果他当初有一匹马，他的双脚能锻炼得跑得那么快吗？如果让文明人从从容容地把这些东西都放在身边使用[①]，他当然能轻易战胜野蛮人，然而，如果你想看一场力量悬殊的战斗，让这两种人都赤手空拳裸着身子一对一地对打，你马上就会发现，那个随时有充沛体力可用并能随时应付各种事件的人，一句话，那个本身就具有万能的本领的人，将占多大的优势。〔六〕

霍布斯认为，人天生就是很凶猛的，爱寻衅好斗，主动出击。而另一个著名的哲学家[②]的看法却恰恰相反；他认为(康伯兰和普芬道夫也同样认为)再也没有什么生物是像自然状态中的人那样胆小的了：他一听见什么响声，一看见什么动静，就战战兢兢，准备

① 文明人事事依赖工具，因而失去了野蛮人的那种体力和灵敏，这一点，卢梭后来在《爱弥儿》又再次阐述了他的观点。他说："由于发明了那样多的仪器帮助我们进行试验，让我们的感官达到更精确的程度，因此就使我们不再重视感官的锻炼了。有了经纬仪，就用不着我们去估计角度的大小了；我们的眼睛本来是可以很精确地测量距离的，然而现在却用测链去代替它测量了；有了提秤，我们就无须像从前那样用手去估计重量了。我们的仪器愈精巧，我们的感官就变得愈粗笨；由于我们周围有一大堆机器，我们就不再拿我们自己当机器使用了。"(卢梭，《爱弥儿》，李平沤译，商务印书馆1978年版，第231—232页)——译者

② 指孟德斯鸠。参见孟德斯鸠，《论法的精神》，第1卷第1章第2节，商务印书馆1982年版，第4—5页。——译者

逃跑。这种情况,就人不了解的事物来说,也许是的;我也从不怀疑:人一见到什么新奇的景象,只要他不能判断这种景象对他的身体是好还是坏,只要他不知道他的体力是否能应付他遇到的危险,他就会感到害怕。然而,这种情况在自然界中毕竟是很少的,因为,在自然界中,事物的运行是那样的速度均匀,地面的情况也很少由于聚居的人的贪婪和迁移而发生突然的和持续不断的变化。分散地生活在动物中间的野蛮人,早就和它们打过交道,比过高低;他发现,尽管在体力方面他不如它们,但他比它们灵敏,因此他用不着怕它们。让一头熊或一只狼与一个手里有石头或棍棒的身体强壮、敏捷和勇敢的野蛮人(所有的野蛮人都是这样的)厮打,你将发现,双方都有被对方打死的可能的;经过几次这样的试验之后,素来不喜欢互相攻打的野兽也不太愿意主动去袭击人了,因为它们发现人和它们是同样凶猛的。对于那些在力量方面的优势的确强大到弥补了灵敏不如人的缺点还有余的动物,他就像其他力量比较弱的动物那样发挥他的长处:除了像其他动物那样善于奔跑以外,他还可以爬到树上去找一个几乎是万无一失的避难所,因此,在同野兽遭遇的时候,他可以利用或不利用这个避难所,采取逃跑或打斗的办法来对付野兽。何况动物除了在自卫或极度饥饿的时候以外,似乎都不是天生爱和人作对的;它们对人也没有什么强烈的厌恨之心,不会把某一种类的生物看作是由大自然注定为另一种类的生物的食物。*

---

* 黑人和野蛮人之所以对他们在森林中遇到的野兽满不在乎,其原因就在于此。委内瑞拉的加勒比人和野兽杂处在一起,感到很安全,没有什么不方便的地方。弗朗索瓦·柯雷尔说:尽管他们几乎全都赤身裸体,但也敢进入深山密林,手上的(转下页)

另外一些更可怕的敌人，是人类无法防止的这几种天然的无能为力的事情：幼弱、衰老和各种各样的疾病。它们是我们可悲的柔弱的表征；其中前两项是各种动物都共有的，而后一种，主要是生活在社会中的人才有。关于幼弱问题，我发现，母亲无论在什么地方都可以把她的孩子带在身边，以便喂养；而动物中的母兽则不然，它们必须东奔西跑，受许多劳苦，一边觅食，一边哺乳或用食物喂养它们的幼崽。是的，如果母亲死了，孩子便很有可能跟着就饿死，这种危险，是千百种其他动物都将遇到的，因为它们的幼崽有很长一段时间不能够自己觅食。人类的幼弱时期虽比较长，但人类的寿命也比较长；人和动物在这一点上差不多是相同的。〔七〕虽然在幼儿发育时期的长短上和孩子数目的多寡上〔八〕还存在着其他法则，但这不是我所要讨论的问题。老年人的活动和劳作都比较少，因此他们吃的食物也将随着他们获取食物的能力的减少而减少。由于野蛮人的生活使他们免去了关节病和风湿病之苦，由于衰老是一切痛苦之中人类最无法减轻的一种痛苦，因此野蛮人最后是悄然离开世间，不但别人没有注意到他已走到了生命的终点，就连他自己也没有意识到他的寿数已到了尽头。

关于疾病，我不重复大多数身体健康的人针对医学发表的毫无道理的错误言论；但是，我要提一个问题，有没有可靠的根据让人可以得出这样的结论：在最不重视医学的国家，人的平均寿命比最重视医学研究的国家短？如果我们自己给自己造成的疾病，比

(接上页)武器只有弓和箭，但从来没有听说过他们被野兽吃掉的事例。(1782 年版注。这个脚注是 1782 年再版时，由编者根据卢梭本人后来的批注添加的。以后对用 * 号标示的脚注，只注“1782 年版注”。——译者)

医学向我们提供的治疗方法多,这种情形是怎么出现的?生活方式的极不规律:有些人过分懒惰,而有些人又过于劳累;我们的食欲和感官的享受有诸多刺激和满足的便利条件;富人的食物过于考究,虽向他们提供了产生热量的养分,但同时又使他们患上了消化不良;穷人的食物十分粗劣,而且经常缺少,以致一有机会便极其贪食,从而加重了肠胃的负担;有些人通宵不眠,放纵情欲,而有些人又劳心焦思,郁郁寡欢,无穷无尽的忧虑,心灵永远不得安宁;这许许多多不幸的情况表明:我们的大多数痛苦是我们自己造成的,因此,只要我们保持大自然给我们安排的简朴的、有规律的和孤单的生活方式,这些痛苦几乎全都可以避免。如果大自然的本意是要我们成为健康的人,那么,我敢断言,动脑筋思考的状态,是违反自然状态的;动脑筋思考的人,是一种性格反常的动物。[①] 当人们一想到野蛮人(那些还没有被我们的烈酒败坏的野蛮人)的良好的体格时,一想到他们除了受伤和衰老便没有其他痛苦时,人们不能不认为:根据文明社会的发展史,就能轻易写出人类的疾病史。这至少是柏拉图的意见;柏拉图根据波达里尔和马卡翁在特洛伊围城时期所使用过或论证过的药物推知:这些药物引起的疾病,是人类尚未见过的。*

处于自然状态中的人所得的病是那么的少,所以他用不着吃

① 卢梭的这句话,受到了许多人的批评和驳斥,被认为是一种反理性主义的观点,是特意和狄德罗唱反调。狄德罗的看法是:"不愿意推理的人,放弃了做人的资格,因此,应当被看作是一个违反天性的动物。"(狄德罗:《百科全书·自然权利》)——译者

* 塞尔斯说:今天的人们大力提倡的节食疗法,是伊波克拉特发明的。(1782 年版注)

药，更用不着请医生；在这一点上，他的情况并不比其他动物差。从猎人那里不难发现，他们在打猎过程中何曾见过什么病病歪歪的动物？他们见到的情况是：有些动物虽然受了重伤，但它们的伤都结了疤；有些动物虽然骨折甚或断了腿，但它们并没有去请外科医生，而是随着时间的推移一天天痊愈了，除了日常的食物外，它们也没有其他特殊的馐食，但它们恢复得很好，既没有受外科手术之苦，也没有受内服药物之毒，或者被忌食弄得瘦弱不堪。精湛的医术对我们虽有某些用处，但可以断言的是，生病的野蛮人是无医无药的，只能靠大自然的帮助，自己好起来；他们除了自己的病以外，什么也不怕；在这一点上，他们的心境好于我们。

因此，切莫把野蛮人和我们今天所见到的人混为一谈。大自然把一切野生动物都置于它的照护之下；这是它的一种偏爱，表明它是多么珍视自己照护动物的权利。森林中的马、猫和牛，甚至驴，比家养的马、猫、牛和驴身躯都更高大，长得更结实，更有力气和胆量；然而一成了家畜，它们的这些优点就失去了一半，可以说，人们的精心饲养反倒使它们退化了。人也一样，一变成社会的人和奴隶以后，他的体质也逐渐衰弱，胆子愈来愈小，显得畏畏缩缩，萎靡不振，结果，既失去了体力，又丧失了勇气。此外，野蛮人和文明人之间的差异，比野兽和家畜之间的差异还大得多，因为，尽管大自然对动物和人都一视同仁，但人给自己安排的舒适享受，比他给他所养的动物安排的享受多得多，然而，正是舒适的享受成了使他退化得更加明显的特殊原因。

因此，尽管赤身裸体，没有房子住，没有各种各样我们认为非有不可的浮华无用的东西，但对当初的野蛮人来说，并不是什么大坏事;尤其是对于保护他们的生存,没有这些东西,也无大妨碍。他们的身上之所以没有长毛,那是因为他们在热带地方根本就不需要长毛;要是在寒带,他们自会利用他们猎获的动物的皮毛御寒。他们之所以只用两只脚跑,那是因为他们要用两只手来与野兽格斗和做其他事情。他们的孩子也许学步晚,而且走起路来也很吃力,但他们的母亲可以很容易地带着他们到处走;这一便利条件,是其他动物没有的。不仅如此,其他动物的母兽在遭到追赶时,还不得不抛弃它们的幼崽,或者按照它们幼崽的速度而放慢它们自己的脚步。* 很显然,除了发生我在后面要谈到的很可能永远也不会发生的奇怪情况以外,我认为,第一个给自己制作衣服或建造住所的人,实在是给自己制造了一些没有多大必要的东西,因为在此以前,他没有这些东西,也照样活过来了嘛;他为什么在成人以后反倒不能过他幼年时候的那种生活,这一点,实在令人难以明白。

当初的野蛮人的生活是孤单的,懒懒散散的,而且时刻都有遇到危险的可能,因此,他总喜欢睡觉,不过睡得不沉,像不动脑子思考的动物那样容易惊醒;可以说,只要他不动脑子思考,他就要睡觉。他唯一操心的事情,是保护他的生命。他熟练的本领,主要是进攻和防卫:主动去猎获别的动物,并保护自己不被别的动物吃掉。反之,他那些只能靠逸乐和肉体享受才能完善的器官,却始终

* 这一点,可能有一些例外的情形,例如尼加拉瓜有一种像狐狸的动物,它的脚就像人的手。据柯雷尔说,这种动物的肚子下边有一个肉袋,当母兽需要逃跑的时候,它就把幼崽放在袋子里。在墨西哥叫作特拉夸金的,也是这种动物。据拉埃特说,这种动物的母兽的肚子下边也有一个用途相似的肉袋。(1782 年版注)

处于粗笨的状态，一点也不灵敏。在这一点上，他的感官分化成两类：触觉和味觉极其迟钝，而视觉、听觉和嗅觉却特别灵敏。一般的动物都是这样。据旅行家们说，大部分野蛮人也是如此。因此，好望角的霍屯督人单凭肉眼就能看到荷兰人必须用望远镜才能看见的大海上的船，就不足为奇了；此外，美洲的野蛮人能像最好的猎犬那样用鼻子闻到西班牙人的行踪，所有的野蛮人都能毫无困难地裸着身子生活，能吃辣椒，能把欧洲人的烈酒当水喝，就不是什么奇怪的事了。

到现在为止，我只是从身体方面来观察人，现在，让我们从精神和道德方面研究他。

我认为，每个动物都是一部巧妙的机器；大自然赋予这部机器以各种感官，使之能活动起来，保护自己，并在某种程度上防范一切可能伤害它或打扰它的事情。在人体这部机器上，我发现情况也完全一样，只不过有这样一个区别：动物的行为完全受自然的支配，而人却不然；人是一个自由的主体，他可以把受自然支配的行为与自己主动的行为结合起来。动物根据它的本能来决定它对事物的取舍，而人却可以自由地选择什么或放弃什么。动物的行为不能违背自然给它们规定的法则，即使某些行为对它有利，它也不做；而人却不然，即使某些事情对他有害，他也想做就做。正因为这样，所以一只鸽子在盛满了鲜肉的盘子旁边饿死也不吃盘子里的肉，一只猫在一大堆水果或谷物上边饿死也不吃这些东西，尽管它们略加尝试，它们是完全可以吃这些它们不愿吃的食物的。生活放荡的人之所以纵欲无度，结果招致疾病和死亡，其原因就在这里，因为精神一败坏了感官，尽管自然的需要已经满足，但欲念却

有无穷的奢望。

所有的动物既然都有感官，因此也都有观念，而且能在某种程度上把它们的观念综合起来。在这一点上，人和动物的差别只是程度不同。有些哲学家甚至认为这个人和那个人之间的差别，比这个人和那个动物之间的差别还大。因此，使人之所以与动物不同的原因，与其说是由于人有智力，不如说是由于人有自由主动的资质。一切动物的行为都要受大自然的支配；它们必须服从大自然。人虽然也受大自然的支配，但他认为自己是自由的，可以接受也可以拒绝自然的支配。正是由于他认识到他有这种自由，所以才显示出他心灵的灵性。物理学只能在某种程度上解释这些感官的机械作用和观念的形成，至于说到意志力或选择力以及对这种力量的认识，我们发现，在其中起作用的，纯粹是精神活动；而精神活动，是不能用任何力学法则来解释的。

尽管围绕着所有这些问题的诸多疑难尚未解决，因而在人和动物之间的差别这个问题上还有争论，但有一个无可争辩的特殊品质使他们之间的区别极其明显。这个品质是：自我完善的能力。这个能力，在环境的帮助下，可以使其他的能力不断发展；这个能力，既存在在我们种类中间，也存在在个人身上。而动物则不然：一个动物在几个月之后长成的样子，以后终生都不会改变；它的种类，即使时光过了一千年，它们还依然是这一千年开头那一年的那个样子。为什么只有人类易于衰退呢？他是不是因此又回到了他原始的状态呢？后天既没有得到什么也没有失去什么的动物，始终保持着它们的本能；可是人，由于衰老或其他原因，把他在自我完善过程中所得到的一切，全都失去了，从而落到了不如动物的境

地。我们感到难过的是,这种几乎是无可限量的特殊能力,反倒成了人类一切痛苦的根源。这种能力,当初曾使人类随着时间的推移脱离了他终日平平静静无忧无虑的原始状态,然而随着时代的前进,它又使人在获得知识的同时,也产生了许多谬误;既培养了道德,也犯了过错,最后终于使他成为他自己和大自然的暴君。〔九〕奥雷诺科河沿岸一带的居民用两块薄木板夹住孩子的鬓角,说这种做法,至少可以使他们的孩子保住一部分纯朴和原始的幸福,而第一个想出这个办法的人,竟被他们称颂为造福人群的救星;这太令人不可思议了。[①]

野蛮人在大自然的安排下,最初的能力只有他的本能,或者说得更确切一点,大自然为了弥补他的本能的缺陷,才赋予他开始是代替本能随后又把他提高到超过他的本能的能力:由此可见,野蛮人当初具有的能力纯粹是动物性的。[②]〔十〕视觉和触觉也许是他的本能状态。愿意和不愿意,希望和恐惧,是他心灵的第一个而且几乎是唯一的活动,一直到有了新的情况使之有了新的发展为止。

不论伦理学家怎么说,人的智力虽然在很大程度上要靠欲望的推动,但大家也一致公认,人的欲望在很大程度上要依靠智力才

① 柯雷尔说:“生活在奥雷诺科河和亚马逊河之间的人都有这样一个可笑的风俗习惯:孩子一生下地,他们就试图把孩子的头和脸弄成扁平形。他们的做法是,把孩子的头夹在两个薄木板中间。”(柯雷尔,《西印度群岛游记》,巴黎 1722 年版,卷 1,第 260—261 页)——译者

② 关于这一点,卢梭后来在他的《爱弥儿》中又作了进一步的阐述。他说:“我们生来就是有学习的能力的,不过在生下来的时候什么也不知道,什么也不明白罢了。我们的心灵被束缚在不完善和不成熟的器官里,甚至对它本身的存在也感觉不出来。初生的婴儿的动作和啼哭,纯粹是出于机械的效果,其中是没有什么意识和意志的。”(卢梭,《爱弥儿》,李平沤译,商务印书馆 1978 年版,上卷,第 46 页)——译者

能得到满足。正是由于这两者的活动，我们的理性才得以逐步完善。我们之所以求知，是因为我们希望得到享受。不难想象：一个既无欲望又无恐惧感的人是不会花心思去进行推理的。欲望的根源来自我们的需要，而它们的发展则取决于我们的知识的进步，因为人之所以希冀或害怕某些事物，是由于人对它们已经有了某些概念或者是出于纯粹的自然冲动。野蛮人因为没有任何知识，只具有来源于自然冲动的欲望，所以他的欲望不会超过他的身体的需要。〔十一〕在宇宙中，他所知道的好东西，是食物、女人和休息；他所畏惧的唯一灾难，是疼痛和饥饿，而不是死亡，因为动物从来不知道什么叫死亡；对死亡的认识和恐惧，是人在脱离动物状态以后所获得的最初的知识之一。

如果必要的话，我可以很容易地列举事实来证明这个看法，证明在世界各国的民族中，精神的进步恰恰是和他们得自大自然的或者是由环境使他们产生的需要成正比的；因而也是和促使他们去满足这些需要的欲望成正比的。我可以证明埃及的艺术是随着尼罗河的泛滥而产生和发展的；在希腊，艺术在沙漠地区和阿提卡岩石嶙峋的山区产生和成长，甚至发展到与天公比高的地步，而在奥诺塔斯河沿岸肥沃的土地上却难以生根。我发现，北方的人民比南方的人民更勤劳，因为他们不能不如此，否则就难以生存。①

① 在这一点上，卢梭的看法和孟德斯鸠的看法是一致的。孟德斯鸠说："土地贫瘠，使人勤奋、俭朴、耐劳、勇敢和适宜于战争；土地所不给予的东西，他们不得不以人力去获得。土地膏腴使人因生活宽裕而柔弱、怠惰、贪生怕死。……在农民富裕的地方（例为在萨克森）所招募的日耳曼军队，就不像别的地方那样好。可以在军法里规定严峻的纪律，来补救这个缺陷。"（孟德斯鸠，《论法的精神》，张雁深译，商务印书馆 1982 年版，上册，第 282 页）——译者

看来，这是大自然有意使事物趋于平衡：它既然使精神那么旺盛，就不再使土地那么肥沃了。

其实，即使不用历史上的那些不可靠的记载作佐证，种种迹象也表明野蛮人是难以有不作野蛮人的企图和方法的；这一点，谁看不出来呢？他的想象力不能给他描绘什么，他的心也不要求他做什么。他的那一点点儿需要，伸手就可得到满足；他也没有达到必要的知识程度去促使他希望得到更高深的学问，因此，他既没有远见，也没有好奇心。自然的景象，他已司空见惯，无动于衷。万物的秩序周而复始，永远是那个样子；他对更大的新奇事物不感兴趣；要他仔细观察他每天见到的那些事物，他目前还没有人们所掌握的那种哲学方法。他的心灵还没有受到外界的任何干扰，因此他唯一关心的是他眼前的生存。对于将来（即使是就要临近的将来）他也从来没有想过；他的计划，同他的视野一样，是很有限的，就连当天黄昏以前要做些什么事情，他也预见不到。加勒比人的预见力直到今天还停留在这个程度上：他上午卖掉了他的棉褥子，到傍晚又痛哭流涕地去把它买回来，因为他预见不到他夜里还要用它。

我们愈是思考这个问题，我们愈是发现纯粹的感觉和简单的知识之间的差距越来越大。一个人若单靠他自己的力量，既不和人交往又无需要的刺激，要想越过如此大的距离，那是难以想象的。要经过多么漫长的岁月之后，人类才知道除天火之外还有另外一种火？要经过多少不同的偶然事件之后，他们才学会了这种本原[①]的最平常的用法？他们听凭火熄灭多少次之后，才学会了

① 古代的哲学家认为水、土、风、火是构成宇宙万物的四个本原，称为四行。——译者

生火的方法？谁知道这些秘诀中的每一个秘诀都随着它的发现者的死亡而消失过多少次？农业是一种需要付出许多劳动和预先筹划的技术，它需要其他技术的配合，而且显而易见，它只能在一个至少已开始形成社会的地方才可从事，其目的，还多半不是为了从土地中取得不需要农业技术也可取得的食物，而是为了使土地生长最适合我们的口味的东西：对于这样一种技术，我们应当怎样看待呢？假使人繁殖了那么多，而自然的产品又不够养活他们（顺便说一句，这个假设表明这种生活方式对人类是大有好处的）；假使没有炼铁厂和制造厂，假使劳动工具都从天上掉下来，落在野蛮人手里，假使他们都克服了对不断劳动的厌恶心情，并学会了如何早早预料他们会有哪些需要，能猜想该怎样耕种他们的土地、撒播种子、种植树木，而且还发明了碾磨小麦和用葡萄酿酒的技术，（所有这一切，看来是上帝教会他们的，因为很难想象他们是怎样自己学会的）然而，假使他们耕种的东西有被他人或野兽看中而抢夺一空的可能，谁还会那么傻，肯花力气去耕种呢？如果他们能预先断定他们劳动的成果愈为他们所需要反而愈难保证收获到手的话，谁还愿意成天去从事这种艰苦的劳动呢？一句话：只要土地还没有在他们之间加以分配，也就是说，只要自然状态还没有被打破，这种情况怎么能促使人们去耕种土地呢？

即使我们假定一个野蛮人在思维的艺术方面真像我们的哲学家所说的那么灵巧，即使我们也像哲学家们那样把野蛮人看作是一个哲学家，单靠他自己就能发现最奥妙的真理，并随之就能进行最抽象的思维，从对宇宙秩序的爱中，或者从造物主所显示的意志中，归纳出阐明正义和公理的嘉言隽语；一句话，假定一个野蛮人在精神方面具有他可能有的聪明才智，而我们发现他实际上是那样的迟钝和愚昧，请问，人类从这种既不能互相沟通，而且还将随着它的发明者的死亡而消失的形而上学中能得到什么益处呢？分散在森林中和各种动物杂处的人类，能取得什么进步呢？既没有固定的住所，彼此又互不需要，而且在一生之中也许只能相遇一两次的人，既不彼此认识，又不互相交谈，能自我完善和互相启发到什么程度呢？

请大家想一想，我们有多少思想是由于语言的交流而产生的，想一想语法是如何锻炼和提高精神活动的能力的，想一想当初第一个发明语言的人要经过多少不可想象的艰难和花费多少无穷的岁月：把这几个问题和前面阐述的论点合在一起，就可看出，要经过多少个数以千计的世纪，才在人的头脑中连续发展成他能具有的精神活动能力。

请允许我花一点时间谈一谈语言的起源要经过多么多的艰难[①]。在这里，我只引用或重复孔狄亚克神父[②]在这个问题上发表的意见，因为他的意见和我的看法完全吻合，而且我当初的看法也许就是受了他的影响而产生的。不过，由于这位哲学家在阐述公

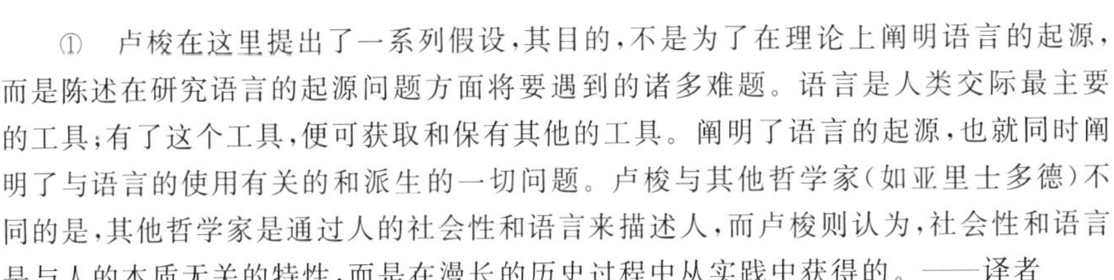

① 卢梭在这里提出了一系列假设，其目的，不是为了在理论上阐明语言的起源，而是陈述在研究语言的起源问题方面将要遇到的诸多难题。语言是人类交际最主要的工具；有了这个工具，便可获取和保有其他的工具。阐明了语言的起源，也就同时阐明了与语言的使用有关的和派生的一切问题。卢梭与其他哲学家（如亚里士多德）不同的是，其他哲学家是通过人的社会性和语言来描述人，而卢梭则认为，社会性和语言是与人的本质无关的特性，而是在漫长的历史过程中从实践中获得的。——译者

② 孔狄亚克（1715－1780）：法国哲学家和逻辑学家，其主要著作有《论人类知识的起源》（1746）、《感觉论》（1754）和《逻辑学》（1780）。——译者

认的符号的起源方面用来解决他自己给自己制造的困难的方法表明：他把我视为问题的东西（在语言的发明者之间已经建立了某种社会）当作前提，因此，我认为，在参照他的论点时，还应当与我的论点联系起来，才能从适合我的主题的角度阐明这些难题。第一个出现的难题是：应如何想象语言是怎样成为必要的，因为当初人与人之间没有任何来往，也没有什么来往的必要，所以，如果语言的发明不是必不可少的话，就很难设想语言的发明是人所需要的，也想象不出这种发明是可能的。和其他许多人一样，我也认为语言是从父亲、母亲和子女之间的家庭生活中产生的；不过，这种说法非但解决不了我们遇到的难题，而且还会使我们犯那些研究自然状态的人所犯的错误：把在社会状态中才有的观念拿到自然状态中去讲，总以为一个家庭的人聚集在同一个住处里，家庭成员之间必然保持着一种同我们现在一样的亲密持久的关系，是共同的利益促使他们结合在一起的。其实，在原始状态中的人，既没有房子也没有窝棚和其他任何种类的财产；他走到哪里就住在哪里，而且往往只住一夜。男人和女人的结合是偶然的，是随机会和双方的愿望而定的，并不需要语言作他们表达意愿的工具；他们聚得容易，散得也同样容易。〔十二〕母亲给孩子喂奶，起先完全是出于她自己生理上的需要，后来由于习惯使她们觉得孩子可爱，她们才为了孩子的需要而喂养孩子。而孩子一有了自己去寻找食物的能力，他们便马上离开母亲；而且，除了永不分离，厮守一辈子以外，他们几乎没有别的办法再次重逢。此外，还要提到的是，孩子们因为有种种需要想表达，所以他们向母亲诉说的事情比母亲向他们讲述的事情多，可见，在语言的发明方面，做出更多努力的是孩子，而且他们使用的语言大部分都是他们自己发明的。这样一来，语言的种类必然会随着发明语言的人数增多而增多，再加上居无定所，行踪不定，所以任何一个词语都无法固定下来，因为，虽说母亲教孩子学会了一些词语，使他们能向她表达他们需要这样或那样的东西，但这只能说明她们教的是已经定型的词语，而不能说明语言是怎样形成的。

现在，让我们假定第一个困难已经克服：我们暂且越过了纯粹的自然状态与对语言的需要之间的巨大距离，并假定在语言是必需的这个前提下，〔十三〕来探索它们是怎样开始形成的，这时，我们遇到的难题比前一个难题更难解决，因为，如果说人类需要语言才能学会思考的话，那么，为了获得语言这门艺术，就更需要知道如何进行思考，而且，尽管我们知道声音的音响是传递我们的思想的常用工具，但仍须进一步了解当初对那些既不能以可见的实物为对象，又不能以手势和声音来表达的思想，又将用什么工具来表达？因此，我们对人与人之间这一交流思想和建立联系的艺术的诞生，仍很难做出一些可以让人接受的猜测。语言这一高深的艺术已经离开它的起点那么久了，而我们的哲学家还依然站在离它的完善的境地那么远的距离来研究它，因此，没有一个人竟大胆到敢断言它终有一天会达到这个境地：即使时间引起的不断变革对它不发生任何影响，即使学者们消除了他们的偏见，接连不断地用几个世纪的时间来研究这个棘手的问题，恐怕也没有人敢这样断言。

人类当初的第一种语言，为了呼唤周围的人而最普遍使用的、

最强有力的和唯一需要的语言，是来自天性的哭声①。不过，由于这种哭声完全是在紧急的情况下出自一种本能，是在遇到巨大的危险时请求别人的帮助，或者在有剧烈的痛苦时，请别人来帮助减轻，所以在情绪稳定的日常生活中用得不多。后来，当人类的思想开始扩展和复杂的时候，在人与人之间有了更紧密的关系的时候，他们便发明了更多的符号和一种更有变化的语言：他们增加了声调的变化，并在声调的变化之外辅之以手势；手势本身是很有表达力的，而且它表达的意思也不大需要什么预先的规定。因此，人们用手势来表达那些看得见的和活动的事物；而能用听觉器官听的事物，就用拟声来表达。不过，由于手势只能表达眼前的、容易描绘的事物和可以看得见的动作而鲜能表达其他事物，所以不能在任何时候或任何地方都可使用；在光线昏暗或中间有什么东西挡着时，手势便失去作用，而且，手势的目的，与其说是在引起他人的注意，还不如说是在要求他人注意，因此，后来人们就开始用声调的变化来代替手势。声调的变化虽然同某些观念没有同样的关系，但它可以像明确的符号那样表达那些观念。不过，这种代替必须大家都同意才能实行；这对于那些发音器官粗笨和没有经过练习的人来说，是很难做到的。另外，这种代替的本身就是很难设想的，因为要大家都同意，就必须说明理由；由此可见，只有在大家都

① 卢梭在他的《爱弥儿》第一卷中，把婴儿的啼哭看作是人类思想交流的开始。他说："由于人最初是处在艰难和柔弱的境地，所以他最初的声音是悲泣和啼哭。婴儿觉得他有所需要，而自己又不能满足这种需要，于是就哭起来，恳求别人的帮助。……这些哭声，人们认为是一点也不值得注意的，然而从其中却产生了人和他周围的环境的第一个关系：用来构成社会秩序的那条长长的锁链，其第一环就是打造在这里的。"（卢梭，《爱弥儿》，李平沤译，商务印书馆 1978 年版，第 53—54 页）——译者

认识到语言是必需的时候，语言的使用才能推广。

我们可以断定，人类所使用的最初几个词的意思，在他们的头脑中，比我们在已经定型的语言中使用的意思广泛得多。由于他们不知道应当对词进行分类，所以他们在开始的时候让每一个词都具有一个完整的句子的意思。后来，尽管他们知道应当把主语和表语加以区别，把动词和名词加以区别（要做到这一点，是要做出许多艰苦的努力才能成功的），但这时候的名词开始全都是专用名词*，原动式是动词的唯一时态；至于形容词，它的含义的发展就更难了，因为每一个形容词都是抽象的词，而要对事物进行抽象，那是需要做出许多努力的，不是天然就会的。

当初，每一种事物都有一个特别的名词，但没有词性和词类的区分，因为这两者是当初创造名词的人所分辨不了的；他们把每一个单个的个体都看作是如同在大自然这幅图画中的情形那样，是孤立的。如果一棵橡树叫作甲，另一棵橡树就叫作乙**，结果，知识愈有限，词汇反而愈庞杂。要想排除这种名词分类法中的困难，是很不容易的，因为，要把各种事物都按照同一种类的共同的名词排列，就需要了解它们的特性和区别，就需要进行观察并归纳出一个定义，这就是说，需要有博物学和形而上学的知识，然而这是当初的人们不可能具有的。

此外，一般的概念只有借词汇的帮助才能进入人的头脑，而理解力只能通过句子来了解词汇的意思。动物之所以既不知道如何

---

* 动词原动式现在时。（1782年版注）

** 因为从两个事物中得出的第一概念是不一样的，因此需要花许多时间去观察它们共同的地方。（1782年版注）

形成这样的概念,又不能获得依存于这种概念的可完善性,其原因之一,就在这里。当我们看见一只猴子毫不犹豫地丢下这个核桃去摘另一个核桃的时候,我们能不能因此就认为它对这种果子已经有了一般的概念,并用这种果子的原型和那两个核桃进行了比较呢?当然不能。不过,当它在看见这两个核桃之一的时候,是必然会想起从另一个核桃所得到的感觉的;它的眼睛将以某种方式把它所得到的印象传达给它的味觉。每一个一般的概念都是纯客观的,只要稍稍给它加进去一点想象,它马上就会变成特殊的了。如果你想在头脑中勾画一棵树的一般的形象,你是永远也勾画不出来的。不论你愿意与否,你都要想象一下它是高大还是矮小,枝叶是稀疏还是浓密,颜色是深还是浅;如果你只知道任何一棵树都共有的东西,那么,你得出的形象就不像一棵树了。纯抽象的事物也一样,只有通过语言的描述才能理解它们。单用三角形的定义,就可以给你一个三角形的真实概念;而一旦你想在你的头脑中想象一个三角形,那它就是你想象的那种三角形,而不是别的三角形,而且你还不可避免地要给它以明显的线条和着了色的画面。因此,要说就说完整的句子;要描述一般的概念,就必须用语言来表达,因为想象一停止,思想便只有借助语言才能运行。如果当初发明语言的人对他们已有的概念只能赋予一些名词的话,则最初的名词便只能是一些专用名词。

当我们的新语法学家用一些我怎么也猜想不出来的办法开始扩大他们的概念和推广他们的词汇时,语言的发明者们由于无知,却把这种办法用在非常狭小的范围。由于他们在开始的时候不懂得词性和词类的区别,因而过多地创造了单个事物的名词,后来由于他们不针对它们之间的区别去观察,因而又过少地在词类和词性方面总结出它们的区别。为了把种类的区别划分得相当仔细,就需要具有他们不可能具有的经验和知识,就需要进行他们不大愿意进行的长期的研究工作。如果说我们直到今天尚且发现一些此前逃脱了我们的观察的新的品种的话,请大家想一想,由于人们只就事物大致的外表来判断因而被忽略了的品种该有多少啊!至于原始的分类和最普遍的概念,不用说,它们也是被人们忽略了的;例如有关物质、精神、实质、风尚、形象和运动的词汇,尽管我们的哲学家早已使用,但他们自己也未见得了解得十分透彻;他们赋予这些词汇的概念全都是形而上学的,在自然界中是找不到任何模型的:既然这样,我们怎么可以要求当初的人们能想象和理解呢?

现在,我要暂停一下我初步的探讨,请各位评判员也暂停阅读我的论文,让我们来单单研究一下有形的物体的名词,即语言中最容易发现的那一部分名词,是如何发明的。为了表达人类的种种思想,为了有一个稳定的形式,能在公众中讲说,并对社会产生影响,语言有多么漫长的路要走啊;我请各位评判员想一想:要花多少时间并需要具备多少知识,才能发明数词〔十四〕、抽象名词、希腊语中的不定过去时、法语动词中的各种时态、小品词、造句法,并把句子连接起来进行有条理的叙述并符合语言的逻辑。至于我,我已被越来越多的困难所吓住;我深信,用纯粹人类的办法,几乎是不可能使语言得以诞生和定型的,这一点,早已得到证明。我把这一难题留给那些愿意研究的人去讨论:是先有社会的建立然后有语言的发明,还是先有语言的发明然后有社会的建立。

不论这两者是如何起源的,我们发现:从大自然不急于使人类通过互相需要而彼此接近；不急于使人早一点掌握语言[①]，就可看出，它为人类准备的社会性是很少的；在人类为建立彼此的联系而努力的过程中，大自然给予的帮助是不多的。的确，我们很难想象在这样的原始状态中，一个人之需要另一个人，比一只猴子或一匹狼需要另一只猴子或另一匹狼更迫切；也很难想象另一个人将出于何种动机去满足这一需要；即使另一个人愿意去满足这一需要，我们也很难想象他们之间将在哪些条件下才互相同意。我知道有些人一再对我们说：再没有什么情景是像人类在原始状态中那么悲惨的了。是的，正如人们曾经论证过的，人类是在经过若干世纪之后才开始有走出这种状态的愿望和机会的。这一点，若要责怪的话，就只能责怪自然，而不能责怪它所创造的人。如果我对“悲惨”一词的理解不错的话，我认为这是一个毫无意义的词，它指的只不过是某种难以忍受的匮乏和身体或心灵上的痛苦。我希望有人给我们解释一下：一个自由的、心灵平静和身体健康的人的“悲惨”属于何种类型。请问：在社会生活和自然生活这两者之中，哪一种生活最易于使享受这种生活的人最终觉得难以忍受？我们发现我们周围的人几乎都在抱怨他们生活的艰难，有些人甚至认为，与其生活得如此之苦，还不如早日了此残生。即使把神的法律和人的法律加在一起，也很难制止这种混乱局面的发生。我要问一

① 卢梭在《爱弥儿》中也阐述了这个观点。在儿童的语言训练方面，他不赞成违反自然进程的做法。他说：“人们在教育孩子说话这件事情上太操之过急了，好像是担心他们自己不会学说话似的。这样草草率率地着急一阵，是会产生一个同人们追求的目的正好相反的效果的。他们将因此而说话说得更迟，说得更乱。”（卢梭，《爱弥儿》，商务印书馆 1978 年版，上卷，第 63 页）——译者

问：谁曾听说过一个自由的野蛮人因生活的艰难便自寻短见的？请大家少带点偏见，如实评判一下谁更悲惨？恰恰相反，如果一个野蛮人被各种知识弄得头昏脑涨，被欲望折磨得痛苦不堪，在一个与他当前的境况迥然不同的境况中大动脑筋，那才悲惨咧[①]。承圣明的上天的庇佑，他拥有的各种能力是随着他运用这些能力的机会而发展的：既不过早而变成多余的；也不滞后，不至于在需要它们的时候它们不起作用。单凭他的本能，他就有了在自然状态中生活所需要的一切本领。只有在逐渐培养了理智之后，他才有在社会生活中所需要的才能。

当初，在自然状态中的人似乎彼此间没有任何道义上的联系，也没有什么大家公认的义务，因此，他们既不能被看作是好人，也不能被看作是恶人；他们既无邪恶之心，也无为善的美德，只有从生理意义上来理解这两个词，我们才可以把对保护自己的生存有害的品质称为邪恶，把对保护自己的生存有益的品质称为美德，而且，在后一种情况下，我们还应当把最不反抗天性的冲动的人称为最有美德的人。不过，只要我们不抛开这几个词儿的通常的意思，我们就最好是不要匆忙下结论，并捐弃我们的偏见，用天平来衡量一下：在文明人中是不是美德多于邪恶？他们的美德给他们带来的好处，是不是比他们的邪恶给他们带来的害处多？在他们已经知道他们应当互相为善以后，他们的知识的进步是否足够弥补他

① “人愈是接近他的自然状态，他的能力和欲望的差别就愈小，因此，他达到幸福的路程就没有那么遥远。只有在他似乎是一无所有的时候，他的痛苦才最为轻微，因为，痛苦的成因不在于缺乏什么东西，而在于对那些东西感到需要。”（卢梭，《爱弥儿》，商务印书馆 1978 年版，上卷，第 75 页）——译者

们互相造成的伤害；最后，从总的方面来衡量，让我们评判一下：是处在既不担心别人对自己作恶，也不希望别人对自己为善的境地更幸福，还是处于全面依附的地位，全盘接受那些对他们不负有任何义务的人的指挥更幸福。

我们尤其不可像霍布斯那样，因为人没有任何善的观念，便认为人天生是恶人；因为人不知道什么是美德，便认为人是邪恶的；人从来不对他的同类效劳，因为他认为他对他们没有任何义务；人自认为他有取得自己所需之物的权利，因此便以为他自己是整个宇宙的唯一的主人。诚然，霍布斯看出了现今的人们对自然的权利所做的种种解释的缺点，然而从他自己所做的解释中得出的结论就可看出，他的解释的着眼点也是错误的。既然这位作者是根据他自己提出的原则进行推理的，他的论点就应该这样来表述：我们在自然状态中对保护我们自己的生存的关心，是丝毫不妨碍他人对保护他自己的生存的关心的，因此这个状态是有利于和平的，是适合于人类的。然而他在书中所说的话却恰恰相反，因为他把为了满足许许多多欲望而产生的需要，与野蛮人为了保护自己的生存而产生的需要混为一谈了；其实，这些欲望乃是社会造成的，而且，正因为人的欲望丛生，才使法律成为必需的东西。既然霍布斯认为恶人是一个强壮的孩子[①]，那我们就要问：野蛮人是否也是

① 对于霍布斯的这个看法，卢梭后来在《爱弥儿》中又再次加以驳斥。他说："当霍布斯称坏人为'强壮的孩子'时，他就把事情简直说反了。所有一切的坏事都是来源于柔弱；孩子之所以淘气，只因为他是很柔弱的；假使他的身体健康有力，他就会变得挺好的：事事都能干的人，绝不会做恶事。"（卢梭，《爱弥儿》，商务印书馆 1978 年版，上卷，第 56 页）——译者

一个强壮的孩子？如果我们承认他是一个强壮的孩子，那该得出什么样的结论呢？如果这个人强壮的时候也像他柔弱的时候那样依赖他人，那么，什么过分的事他干不出来呢？他的母亲如果不及时喂他奶，他就会打她；如果他觉得他的弟弟招他讨厌，他就会掐死他；如果别人碰撞了他或打扰了他，他就会咬别人的腿。说自然状态中的人是强壮的，与说自然状态中的人需要依赖于人，这两种说法是矛盾的。人只有在处于依赖状态的时候才是柔弱的；如果他无拘无束，不依赖他人的话，他早就是很强壮的了。霍布斯没有看出：我们的法学家所说的阻碍野蛮人使用理智的原因，正好就是霍布斯本人所说的阻碍野蛮人滥用他们的官能的原因。因此，我们认为野蛮人之所以不是恶人，其原因恰恰是由于他不知道什么是善，因为防止他们作恶的，既不是智慧的发达，也不是法律的约束，而是欲念的平静和对恶事的无知；他们从对恶事的无知中得到的益处，比别人从对美德的认识中得到的益处多得多。此外，霍布斯还忽略了这样一个事实：人天生就有一种不愿意看见自己同类受苦的厌恶心理，使他不至于过于为了谋求自己的幸福而损害他人，因而可以在某种情况下克制他的强烈的自尊心，〔十五〕或者在自尊心产生之前克制他的自爱心。我认为这是人类唯一具有的天然的美德；这一点，就连对人类的美德大加贬抑的人[①]也是不得不承认的，因此，我不怕任何人提出反对的意见。我认为怜悯心是我

---

① 指后面提到的《蜜蜂的寓言》的作者曼德维尔。曼德维尔是17世纪的荷兰医生，长期在英国行医，用英文写了一本《蜜蜂的寓言》。他在《寓言》中说：一个国家“单靠美德是不可能成为光荣的和伟大的国家的。”（曼德维尔，《蜜蜂的寓言》，法译本，卷1，第25页）——译者

们这样柔弱和最容易遭受苦难折磨的人最应具备的禀性，是最普遍的和最有用的美德；人类在开始运用头脑思考以前就有怜悯心了；它是那样的合乎自然，甚至动物有时候也有明显的怜悯之心的表现。且不说母兽对幼兽的温情和在危险时刻不惜牺牲性命保护它们，我们经常看到，就连马也是不愿意踩着一个活着的生物的身体跑过去的。一个动物在它的同类的尸体旁边走过时，总是感到不安的；有些动物甚至还以某种方式掩埋它们死去的同类。走进屠宰场的动物发出的哀鸣，表明它们对所看到的恐怖情景是感同身受的。我们很欣慰地看到《蜜蜂的寓言》的作者已不得不承认人是一个有感情和同情心的生物。他以平淡和细致的笔调描述了一个动人的事例：一个被囚禁的人看见一头猛兽从一个母亲的怀抱里抢走了她的孩子，用尖锐的牙齿咬孩子的肢体，用爪子掏取他还在跳动的内脏。他看到的这件事情虽与他个人无关，但他心中的感受是何等悲伤啊；目睹这种情景，而自己却不能对晕过去的母亲和垂死的孩子一伸援手，他难道不难过吗？

这是纯粹的天性的运动，是先于思维的心灵的运动；这种天然的怜悯心的力量，即使是最败坏的风俗也是难以摧毁的；在剧院中，我们每天都可看到被剧中的不幸者的苦难遭遇感动得伤心流泪的观众，尽管他们当中有那么一个人身为暴君，屡屡对敌人滥施酷刑*。曼德维尔已经很清楚地认识到：如果大自然不赋予人类

* 如嗜血成性的苏拉，对不是由他造成的痛苦，也是很伤感的；又如菲尔的暴君亚历山大，尽管他每天听见被他下令杀害的许多公民的叫声无动于衷，但他从来不敢到剧院去看悲剧，因为他害怕人们看见他同剧中的昂朵玛克和普里亚姆一起叹息。

以怜悯心来支持他的理性，那么，人类尽管有种种美德，也终归会成为怪物。但是，曼德维尔没有看到的是，人类的种种社会美德（曼德维尔否认人类有这种美德）全都是从这个品质中派生出来的。的确，人们所说的慷慨、仁慈和人道，如果不是指对弱者、罪人和整个人类怀抱的怜悯心，又指的是什么呢？其实，从深层次的意义上看，人们所说的善意和友谊，无非就是对某一个特定的对象所抱有的持久的怜悯之心而已，因为我们希望某一个人不受苦，不是希望他幸福，又是希望他什么呢？即使说怜悯心真的只不过是使我们设身处地地为受苦的人着想的一种感情①（这种感情在野蛮人心中不明显，但甚强烈；而在文明人心中虽较明显，但很微弱）。这种说法，除了更加有力地证明我的论点符合真理以外，还能说明什么呢？的确，在旁边观看的动物愈是对受难的动物的痛苦感同身受，它的同情心便愈是强烈。很显然，这种感同身受的程度，在自然状态下比在理智状态下更真切得多。理智使人产生自爱心；而加强自爱心的，是头脑的思考。自爱心使人汲汲于关心自己，使他远离一切使他感到为难和痛苦的事物。哲学使人孤独，使他在看见一个受难的人时，竟居然暗自在心中说：你想死就死吧，只要

（接上页）

心地的温情，
是大自然把眼泪给予人类的同时
赠予人类的礼物。
（1782 年版注）

① 法国 17 世纪的作家拉·罗什福科（1613－1680）对怜悯心有一个很有趣的解释。他说："所谓怜悯心，其产生的原因，是由于看到别人的痛苦，便生怕自己也有同样的痛苦，是预防到自己也可能遭受苦难。帮助别人，是为了让别人在同样情况下帮助我们。对别人的帮助，严格说来，是预先为我们自己做好事。"（拉·罗什福科，《警句集》，见《法国散文精选》，李平沤选编，北岳文艺出版社 1999 年版，第 25 页）——译者

我平安无事就行了。只有整个社会的危难才能惊醒哲学家的沉睡，把他从床上拉起来。即使有人明目张胆地在哲学家的窗前掐另一个人的脖子，他也能若无其事地用手捂着他的耳朵，稍加思索之后，便不让他心中激动的天性使他对那个被杀害的人表示同情。野蛮人绝没有这么高超的本领；由于他缺乏智慧和理智，因此，他总是一往无前地发挥人类天然的感情。在社会动荡不安时，在街头发生争吵时，奔赴现场的总是平民，而行事小心的人却往往避而远之；把打斗的双方拉开，挺身出来阻止诚实的人们互相厮拼的，往往是市井小民和菜市场的妇女[①]。

可以肯定的是，怜悯心是一种自然的感情，它能缓和每一个人只知道顾自己的自爱心，从而有助于整个人类的互相保存。它使我们在看见别人受难时毫不犹豫地去帮助他。在自然状态下，怜悯心不仅可以代替法律、良风美俗和道德，而且还有这样一个优点：它能让每一个人都不可能对它温柔的声音充耳不闻。它能使每一个身强力壮的野蛮人宁可到别处去寻找食物，也不去抢夺身体柔弱的孩子或老人费了许多辛苦才获得的东西。在训导人们方面，它摒弃了“你们愿意人怎样待你们，你们也要怎样待人[②]”这样

① 从卢梭后来在他的《忏悔录》第8卷关于《论不平等》的写作过程的一个脚注就可看出，他这段话是针对狄德罗的。他说：“……针对这位为了不听受难者的哭声而捂着耳朵大发议论的哲学家写的那段话，是按照他的笔调写的；他还向我提供了许多措辞更尖刻的片断，我都没有采用。”（卢梭，《忏悔录》，卷8，巴黎袖珍丛书1972年版，下册，第99－100页）——译者

② 这句格言出自《圣经·新约全书·马太福音》第7章第12节。全句的原文是：“所以无论何事，你们愿意人怎样待你们，你们也要怎样待人，因为这就是律法和先知的道理。”——译者

一句富于理性和符合公正原则的精辟格言，而采用“在谋求你的利益时，要尽可能不损害他人”这样一句出自善良天性的格言，尽管这句格言没有前一句格言完善，但也许更有用处。总而言之一句话，我们不应当在高深的理论中而应当在这种自然的感情中去寻找人即使没有受过教育的熏陶也不愿意做恶事的原因。虽然苏格拉底和具有他那种素养的人可以通过理性而获得美德，但是，如果人类的生存要依靠组成人类的人的推理的话，则人类也许早就灭亡了。

野蛮人的欲望的冲动是那样的少，加之又受怜悯心的有益的制约，因此，他们行事虽粗野，但心地并不坏；他们更多的是注意于保护自己不受可能遇到的坏事的伤害，而无意于伤害别人；由于他们彼此之间没有任何种类的交往，所以很少发生危险的争端。他们不知道什么叫面子，也不知道如何显示高傲、尊贵和看不起他人。他们没有“你的”和“我的”这类概念，也没有什么真正的公正感；他们把可能遇到的暴行看作是容易弥补的损害，而不视为应当给予惩罚的侮辱，因此他们不会产生报复的心理，顶多只不过是当时做出无意识的反应：这种动作，同狗把向它投掷的石头乱咬一通是一样的。他们从来没有发生过比争夺食物更严重的冲突，因此他们的争执很少是以造成流血事件结束的。不过，有一种危险的争执，我是要专门讲一讲的。

在搅动人类心灵的诸多欲望中，有一种炽热的和狂躁的欲望使人感到需要一个异性。这一可怕的欲望，将使他做出不顾一切危险和障碍的举动。它是如此的狂躁，以致它带来的结果似乎是想毁灭人类，而不是像大自然希望的那样延续人类的生存。如果

人成了这种疯狂的和粗暴的欲望的俘虏，以致不知羞耻，胆大妄为到为了争夺他们所爱的对象竟打斗得头破血流，他们将变成什么样子呢？

首先应当承认：人的欲望愈是强烈，就愈是需要用法律来约束；但是，从我们当中每天由此种欲望造成的混乱和罪行就可看出，法律在这方面的力量是多么薄弱。此外，我们还需要研究这种混乱的状况是不是由法律本身引起的，因为，虽说法律能制止这种混乱的产生，但毫无必要用法律来制止没有法律反倒不会产生的坏事。

让我们首先把“爱”这种感情中的精神方面的爱和生理方面的爱加以区别。生理方面的爱是一种人人都有的愿望；它使这种性别的人和另一种性别的人相结合，而精神方面的爱则使人把这种愿望锁定在一个独一无二的对象上，或者，至少对他所偏爱的这个对象表现更大的热情。因此，显而易见，精神方面的爱是一种人为的感情，是由社会的习俗造成的。女人之所以花那么多心思宣扬这种爱，为的是树立她们的权威，使本来应该处于服从地位的女性占据统治地位。建立在才能和容貌等观念上的这种感情，野蛮人是没有的；他们也不会把这个对象与另一个对象进行比较，因此，对野蛮人来说，这种感情几乎是不存在的。由于在他的头脑中还没有整齐和匀称等抽象观念，所以他也不懂得怎样去欣赏和爱慕他人，因为爱慕之情是必须先具有并能运用这些观念之后才能油然而生的。野蛮人唯一服从的，是他得自自然的禀赋而不是他不可能具有的审美力*，因此，在他看来，每一个女人都是好的。

---

* 好恶之心。（1782 年版注）

由于野蛮人只知道生理上的爱，而且，幸运的是，他们没有那种刺激这种感情和增加困难的偏爱心，所以他们的欲望的冲动没有那么频繁和强烈。他们之间发生争夺的情况既很稀少，又没有那么残酷。在我们中间造成那么多灾祸的想象力，在野蛮人的心中是没有的[①]。每一个野蛮人都静静地等待着自然的冲动，不加选择地爱一个异性，而且是以快乐的心情而不是以疯狂的心情去爱：需要一满足，欲望便随之完全消失。

由此可见，这是一个无可争辩的事实：对异性的爱，同其他欲望一样，是在进入社会状态之后才发展到狂热的程度，从而给人类往往造成灾难性的后果。说野蛮人为了发泄他们的兽欲而不断地互相厮打，这种说法是很可笑的，是直接与实际情况相违背的。在现今的各种民族中，加勒比人是迄今最接近自然状态的人，然而，尽管他们生活在似乎是最易引起情欲冲动的热带地区，但他们在情欲方面的表现是最平静的，是最没有嫉妒心的。

从某几种家禽的雄性为争夺雌性而发生流血斗争得出的推论中，从春天的森林中雄鸟为争夺雌鸟而发出此起彼伏的叫声得出的推论中，我们应当排除这些由大自然明确规定了与我们完全不同的两性力量对比关系的动物，例如从公鸡的争斗中得出的推论，

① 卢梭后来在《爱弥儿》中再次阐述了人的想象力运用不当的危害。他说："使所有一切狭隘的人的欲念变成种种邪恶的，是他们的想象力造成的错误，甚至天使的欲念也会变成邪恶，如果他们也想象错了的话。……我往往发现，很早就开始堕落、沉湎酒色的青年是很残酷不仁的：性情的暴烈使他变成很急躁、爱报复和容易发脾气的人；他们不顾一切，只图达到他们想象的目的；他们为了片刻的欢乐就可牺牲他们的父亲、母亲和整个世界。"（卢梭，《爱弥儿》，商务印书馆1978年版，上卷，第300—302页）——译者

是不适用于人类的。我们曾经对几种动物的力量的对比关系做过仔细的观察,我们发现,发生争斗的原因不外乎是由于雌性的数目比雄性少,或者是由于雌性往往有拒绝雄性接近的间歇期。这后一个原因,实质上与第一个原因是相同的,因为每一个雌性动物一年之中有两个月是拒绝雄性接近的,这样一来,就等于使雌性的数目比雄性少了六分之五。然而,这两种原因在人类中都没有:在人类中,女性的人数往往多于男性,而且,即使在野蛮人中,也从来没有谁见过女性是像动物那样有发情期和拒绝男性期。此外,在上述动物中,有几种动物是整个种类同时进入发情期的,因此在那段期间,整个种类闹得不可开交,乱作一团,互相争斗。这种情形在人类中是没有的,人类的性欲从来不是周期性的。因此,我们不能得出结论说某些动物为占有雌性而进行的争斗,在处于自然状态中的野蛮人也发生;即使能够做出这样的结论,但是,正如这种争斗从来没有使任何一个种类的动物全都消灭一样,我们更不可以说这种争斗对人类的危害大得多。而且很显然,这种争斗在自然状态中造成的危害比在社会状态中造成的危害小,尤其是比风俗尚称良好的国家更小:君不见在这些国家里,情人的嫉妒和丈夫的报复每天都将引起许多决斗、暗杀或其他更凶险的事情吗?口口声声坚守夫妻永恒的忠贞,却暗中与人私通的事情时有发生;关于贞操和荣誉的法律,其本身反倒助长了淫乱之风和堕胎的行为。

我们可以得出这样的结论:野蛮人既然成天在森林中游荡,没有固定的工作,没有语言,居无定所,没有战争,彼此从不联系,既无害人之心,也不需要任何一个同类,甚至个人与个人之间也许从来都不互相认识,所以野蛮人是很少受欲念之累的;他单靠他自己就能生活，他只具有适合于这种状态的感情和知识；他只能感知他真正的需要，他只注意与他有关的事物；他的虚荣心不发达，他的智慧也不发达。即使他偶尔有所发明，他也无法传授给别人，因为他连他的孩子都不认识，所以根本无人可传。技术随着发明人的死亡而消失。在自然状态中，既没有教育，也没有进步；子孙一代一代地繁衍，但没有什么进步的业绩可陈，每一代人都照例从原先那个起点从头开始；千百个世纪都像原始时代那样浑浑噩噩地过去：人类已经老了，但人依然还是个孩子。

我之所以用这么长的篇幅来阐述我所假设的原始状态，是由于有许多过去的谬误和固执的偏见需要铲除。我认为，必须追根寻源，在自然状态的真实画面中，指出不平等现象，即使是自然的不平等现象，在这种状态中也没有我们的著述家所说的那些事实和影响。

显而易见，在区分人的那些差别中，有些被看作是自然的差别，实际上乃纯粹是由人们在社会中养成的习惯和采取的各种生活方式造成的。因此，一个人的体质是强还是弱，以及由体质的强弱决定的力气是大还是小，往往更多的是取决于他是在艰苦的环境中成长的，还是在娇惯的环境中成长的，其次才取决于他的身体的原本素质。智力也一样；教育不仅使受过教育的人与没有受过教育的人之间产生差别，而且还随着教育的程度的不同，使前一种人内部的差别也将随之扩大。一个巨人与一个矮子在同一条路上行走，他们每走一步都会使巨人拉大他与矮子之间的距离。何况教育的种类极其繁多，社会各阶层的人的生活方式又是那么的不同，而动物与野蛮人的生活是那么的简单和单调，吃的是同样的食

物，过的是同样的生活方式，做的是同样的事情。把这两者一加比较就可看出，自然状态下的人与人之间的差别，比社会状态下的人与人之间的差别小得多，同时也可以看出：自然的不平等将因人的教育程度的不平等而扩大。

即使大自然是像有些人说的那样在分发它的礼品时有所偏心，但是，在人与人之间没有任何关系的情况下，最受厚爱的人能从损害他人当中得到什么好处呢？在不谈情说爱的地方，美貌有什么用？对不会讲话的人来说，才思有什么用？根本就不与人打交道，干吗要玩弄诡计？我经常听见有些人说什么强者压迫弱者；我倒很想请他们给我讲一讲“压迫”这个词的含义是什么。某些人实行暴力统治，而另一些人在他们任意奴役下呻吟：这种情况，在我们中间，我确曾见过。可是，我不明白怎么能据此就说野蛮人中间也有这种情形呢？何况什么叫“奴役”，什么叫“统治”，这两个概念野蛮人就从来没有过。是的，一个野蛮人很可能去抢夺另一个野蛮人采摘的果子或猎获的动物，或者强占他人躲避风雨的洞穴，但是，他们怎么能做到强迫他人服从自己呢？在一无所有的野蛮人中间，用什么链条锁住他人，使之从属于自己？如果有人把我从这棵树上赶走，我就到另一棵树上去好了；如果在某个地方有人折磨我，谁又能阻止我到别处去呢？是不是真的有这样一个人：他的气力比我的气力大，而且是相当的坏，相当的懒，相当的粗暴，强迫我给他去寻觅食物，而他却在一旁悠闲自得呢？如果有，那他就必须时时刻刻盯着我，而且在睡觉的时候还要用绳子细心地把我捆起来，以免我逃跑或者把他杀掉，这就是说，他这样给他自己增加的麻烦，比他想躲避的和使我遭到的麻烦多得多。此外，难道他就

不会在某个时刻放松警惕？在突然听到一下响声的时候，难道他就不会掉过头去看一看？在这种情况下，我只需跑进树林二十步之远，就可挣脱绳索，逃之夭夭，从此以后，他这一生就再也见不到我了。

用不着再讲更多的细节，每个人都可看出：奴役的链条是由于人们的互相依赖和使他们联合在一起的互相需要形成的[①]。不先使一个人处于不能不依赖另一个人的状态，就不可能奴役他：这种情况在自然状态中是不存在的；在自然状态中，每个人的身上都没有枷锁，最强者的法律是没有用的。

在论证了不平等现象在自然状态中是极不明显而且其影响几乎是零以后，接下来我就要指出这种现象的起因和它随着人的思想的连续发展而取得的进展。我已论证：人的可完善性、社会道德和他的种种潜在的能力是不可能靠它们本身发展的，而必须要有几种或迟或早终将发生的外因的综合作用才能发展；没有这些外因的推动，原始人将永远停留在原来那个样子。因此，我还要探讨那些使人的理性趋于完善的偶然事件，并把它们加以比较，指出它们在完善人类理性的同时，也使人类败坏了；在使人变成合群的人的同时，也使人变成了一个邪恶的人，从那么遥远的年代，终于使人类和世界变成了我们今天所看到的样子。

① 卢梭后来在《爱弥儿》中又再次阐述了这个观点。他说："人之所以合群，是由于他们的身体柔弱；我们之所以心爱人类，是由于我们有共同的苦难；如果我们不是人，我们对人类就没有任何责任了。对他人的依赖，就是力量不足的表征；如果每一个人都不需要别人的帮助，我们根本就不想同别人联合了。"（卢梭，《爱弥儿》，商务印书馆 1978 年版，上卷，第 303 页）——译者

我承认，我要描述的事件是以好几种方式发生的，因此我只能凭猜测来加以选择。但是，当这些猜测从事物本身的性质看来是极有可能，而且是发现真理的唯一途径时，它们就变成可靠的论据了，因此，我从我的猜测中推导出来的结论就不是猜测性的，因为，根据我在前面提出的原则，人们想用其他的方法得出同样的结果，是不可能的，而我想用他们的方法得出同样的结论，也是不可能的。

这样，就可以使我用不着对以下几点另行探讨：如何用时间的推移来弥补事件的可能性之不足；如何说明由于细微的原因的不断发生作用而终于产生惊人的力量；如何说明有些假定我们一方面既不能推翻，另一方面又无法使它们达到令人信服的程度；如何说明两件被看作是真实的事情是由一系列原因不明或被看作是原因不明的穿插在中间的事情联系起来的；如有历史可查，如何从历史中查找把它们联系起来的事实；如无历史可查，如何用哲学来推断把它们联系起来的相似的事实；最后，还应说明由于事件的类似性，我们应如何把不同类别的事件的数目压缩到难以想象的少的程度。我只需把这些值得思考的问题向各位评判员提出来就够了，其目的是为了让我的一般的读者不必在这方面多花时间。

第二部分

谁第一个把一块土地圈起来，硬说“这块土地是我的”并找到一些头脑十分简单的人相信他所说的话，这个人就是文明社会的真正缔造者。但是，如果有人拔掉他插的界桩或填平他挖的界沟，并大声告诉大家：“不要听信这个骗子的话；如果你们忘记了地上的出产是大家的，土地不属于任何个人，你们就完了。”——如果有人这么做了，他将使人类少干多少罪恶之事，少发生多少战争和杀戮人的行为，少受多少苦难和恐怖之事的折磨啊！现在，显而易见的是：事情已经发展到不可能再像从前那样继续下去的地步，因为，与以前一个接一个地产生的许多观念密切相关的财产观念，不是一下子就在人的头脑中形成的。必须一点一滴地进步，拥有许多技巧和知识，并一代接一代地传递和增加，才能达到自然状态的最后一个终点。因此，我们必须追溯到最遥远的时代，用同一个观点，按照最自然的次序，去探讨缓慢而连续发展的事件和知识。

原始人首先爱的是他的生命，他首先关心的是他的生存。土地对他提供的产品，都是他需要的东西；他的本能促使他去享用这些东西。饥饿和其他欲望使他经历了一个又一个的生活方式；其中有一种生活方式是要求他延续他的种类的。这一盲目的倾向，

由于缺乏任何发自内心的情感，因而纯粹是兽性行为。需要一满足，彼此便各奔东西；而孩子一长到不需要母亲的时候，便与母亲毫无关系了。

初生的原始人的状况就是如此；这个开始只有纯粹的感觉的动物，还不知道怎样利用大自然赐予他的禀赋，从没想过向大自然索取什么东西：他的生活状况就是如此。然而，他逐渐遇到了许多困难，他必须学会如何克服它们：树木太高，他无法摘取树上的果子；到处觅食的动物与他争夺食物，有些凶恶的野兽甚至想吃掉他。这一切都迫使他不得不锻炼身体：行动要敏捷，跑步要快，打斗要勇敢。他不久就学会了使用树枝和石头这类天然的武器；他也学会了如何克服天然的困难，如何在必要时和其他动物格斗，甚至和别人争夺食物，如何在受了强者的掠夺以后想办法把损失弥补回来。

随着人类人数的增加，他们的困难也随之增多。土地、气候和季节的差异，迫使他们不得不改变他们的生活方式；荒年、漫长的寒冬和把人弄得精神疲惫不堪的夏季的炎热，要求他们必须发明新的技术。因此，生活在海边和河边的人便发明了鱼线和鱼钩，从而变成了渔夫和以鱼类为主要食物的人；生活在森林中的人发明了弓和箭，从而变成了猎人和好斗的战士；生活在寒带的人学会了剥取他们猎杀的动物的皮来披在身上御寒。天上的雷电、地上的火山爆发或其他偶然的事情使他们认识了火的妙用：可以用来帮助他们抵御严寒；他们还学会了如何使火保持不灭，还学会了如何重新生火，并用火来烧烤他们从前生吃的肉类。

由于人与不同的事物以及人与人之间的反复接触，必然会使他们在头脑中感到某些关系[①]。这些关系，我们用大、小、强、弱、快、慢、胆小和胆大等词以及其他在必要的时候不知不觉地通过对比而产生的类似的词来表达。我们发现，这些关系最后必将使人们在心中进行思考，或者说得更确切一点，必将使他们本能地知道要小心谨慎，采取必要的措施来保证自己的安全。

从这种发展中所取得的新的知识，提高了人对其他动物占据的优势，而他自己也感觉到了这种优势。他设置陷阱，用千百种方法诱骗动物；尽管有些动物在打斗的时候比他的力气大，跑得比他快，但随着时间的推移，人终于成了可供他役使的动物的主人，成了那些能伤害他的动物的克星。正是由于这种变化，他开始自以为了不起，头脑里产生了骄傲心，在还不太懂得什么叫等级的时候，他就认为人类应居首位，而他自己是居于首位的人类当中的第一人。

尽管他看待他的同类，不像我们这样看待我们的同类，他同他们也像同其他动物一样很少交往，但他并没有忘记观察他们。时间一长，他就看出他们之间，他自己同女人之间，有许多相同的地方，并从而推断出他还没有发现的相同之处。当他看见在相似的情况下，他们的行为也同他一样时，他就会认为他们的想法与对事

① 这一点，卢梭后来在《爱弥儿》中作了更通俗的解释。他说："由于人的最初的自然的运动是观测他周围的一切东西，是探查他所见到的每一样东西中有哪些可以感知的性质同他有关系，因此，他最初进行的研究，可以说是用来保持其生存的实验物理学。……由于所有一切都是通过人的感官而进入人的头脑的，所以人的最初的理解是一种感性的理解。正是有了这种感性的理解做基础，理性的理解才得以形成，所以说，我们最初的哲学老师是我们的脚、我们的手和我们的眼睛。"（卢梭，《爱弥儿》，商务印书馆 1978 年版，上卷，第 149 页）——译者

物的感觉与他的想法与感觉是完全一致的。这个重要的发现一旦在他的心中扎下了根，他就根据像辩证法那样准确而且比辩证法更直接的预感作出判断：为了他自己的利益和安全，他必须按照最好的行为规则行事，才能和他人相处。

他从经验中得知：对幸福的追求，是人类行为的唯一动机。根据这个经验，他发现：为了共同的利益而需要同类帮助的情况，是很少的；而为了竞争必须提防他人的情况，就更少了。在前一种情况下，他和他们结合成群，或者顶多结合成某种不强迫任何人的自由组合，这种组合持续的时间，在结成这种组合的暂时需要一得到满足，便宣告结束。在后一种情况下，每一个人都想方设法攫取自己的利益：如果他认为用武力可以成功，他就公开用武力攫取；如果他认为力不如人，他就用技巧和机智攫取。

原始人就是这样不知不觉地获得相互约定的大致概念并知道履行这种约定将得到什么好处的，但是，他们只能在眼前的和可以感知的利益驱动下，才这么做，因为他们这时还没有预见力；不用说遥远的将来，就连第二天的情况他们也预见不到。例如大家去捕捉一只鹿，尽管每个人都知道为了达到这个目的而必须严守各自的岗位，但是，如果此时有一只野兔从他们当中的某个人的跟前跑过，可以肯定，这个人将毫不迟疑地去追赶那只兔子；在捉到兔子以后，他的同伴是不是因此就没有捉到那只鹿，他一点也不过问。

不言而喻，像原始人的这种交往所需用的语言，是用不着像高乃依[①]的语言那么雕琢，也用不着像与他差不多一样地结合成群

① 高乃依（1606－1684）：法国剧作家。——译者

的猴子的语言那么细腻。在很长的时间里,他们的语言只不过是几种不分音节的叫喊声、手势和拟音,此外,每个地区又有一些习用的叫声,不过,这些声音,正如我在前面说过的,是很难懂得它们的意思的。所以,当初的原始人有许多种特别的语言,但是,它们都很简单,也很不完善,同今天的几种野蛮人使用的语言差不多。由于年湮代久,加之我要论述的事情又相当繁多,当初的进步又不明显,所以我不得不把许许多多个世纪的事情寥寥数语,一笔带过,因为事情一个接一个的演变愈缓慢,我们对它们的描述就愈应精练。

原始人取得的最初的进步,终于使他们能够加速向前发展。头脑愈开窍,技术也随之愈完善。不久以后,他们就不再哪里有树就在哪里睡了,也不躲进洞穴避风雨了。他们开始用又硬又尖锐的石头制作斧子,用斧子砍树枝,挖泥土,并用树枝搭建窝棚,敷上黏土和稀泥使之加固。第一次变革的时代已经到来:他们分别建立家庭,并拥有某种财产;为了财产,他们之间也许还发生了许多争执和战斗。看来,首先建立家庭的人,很可能是那些强者,因为他们觉得有能力保护他们的家,而弱者觉得最便捷和最可靠的办法,是模仿强者搭建自己的住所,建立自己的家,而不是试图去把强者赶出他们的家。至于那些已经有了窝棚的人,谁也不曾想过去夺取邻居的窝棚,其原因,并不是因为那个窝棚不属于他,而是因为那个窝棚对他没有用处,而且,如果要去强占的话,不可避免地会与那个窝棚的主人发生激烈的战斗。

原始人的感情的最初的发展,是由于把丈夫和妻子、父母和孩子聚集在同一个住所这一新的情况促成的。共同生活的习惯,使

他们产生了人类感情中最温柔的亲情:夫妻之情和父子之情。每一个家庭就是一个小型的社会;相互的感情愈深厚,他们的结合便愈紧密,而维系这一结合的唯一纽带是相互的依恋和自由。这时,开始出现了两性生活方式的差异,而此前他们的生活方式是只有一种的。从这个时候起,女人更多的时候是待在家里,看守住所和孩子,而男人则出外去寻找大家吃的食物。由于过上了一种比从前舒适的生活,男人和女人也开始失去了几分昔日的勇敢和强悍之气。现在,虽说每一个人单独和野兽格斗的力量不如从前,但集合起来共同对抗野兽,却比从前容易多了。

在这种新的状态下,他们过着既十分简单又从不与人交往的生活;他们的需要很有限,还发明了一些满足这些需要的工具,因此,当初的野蛮人此时就有了许多闲暇,并把他们闲暇的时间用来追求他们的先辈未曾有过的舒适享受;然而,他们哪里知道,那些舒适的享受竟成了他们的第一道枷锁,并为他们的子孙种下了祸根,因为,只要他们继续这样享受下去,不仅会削弱他们的身体和精神,而且,时间一久,成了习惯便会使他们失去原先的兴味,从而变成一种不可或缺的真正的需要:因得不到这些享受而感到的痛苦,远比得到它们而感到的乐趣大得多;失去那些享受固然不幸,而得到那些享受,也不怎么感到幸福。

在这里,我们可以更清楚地看到语言在每个家庭中是怎样成为必要的和怎样在不知不觉中完善的。我们还可以推测得到许多种特殊的原因是如何使语言的使用得到推广的,而且,人们愈是需要语言,语言便愈是加速发展。大洪水或大地震使人们居住的地区或者被水包围,或者变成坑坑洼洼到处是沟壑纵横之地。地球的巨变把大陆的有些地区分裂和切割成许多岛屿。人们不难想象:在这种情况下互相接触并不得不在一起生活的原始人之间,必然比那些终日在树林中游荡的原始人是更需要有一种共同使用的话语的。因此,很有可能,在初步尝试在水上航行成功之后,岛上的居民便给我们传来了习用的语言,或者,也很有可能是这样的:社会和语言是产生在各个海岛上,到相当完备之后才传到大陆的。

所有一切都开始改变了面貌。在此以前在森林中到处游荡的原始人已有了较固定的住处,而且慢慢地开始互相接近,结合成不同的群,在每一个地区形成有共同的习俗和特点的民族,不过,使这些民族得以维系的,不是规章和法律,而是共同的生活方式和同样的食物与气候的影响。彼此长时间的毗邻而居,难免不使不同的家庭之间发生某种联系。居住在相邻的小屋中的男女青年人,由于自然的要求而发生的短暂的交往,不久就变得愈来愈频繁,不仅愈亲密,而且时间更持久。他们观察不同的对象,并把他们加以比较,于是在不知不觉中便获得了有关才能和美的观念,从而产生了偏爱心。互相经常见面的结果,使他们一天不见也感到歉然;温柔和甜蜜的感情逐渐深入了心灵,以致稍遇阻碍,就会变成强烈的愤怒:嫉妒心是随着爱情的产生而产生的;如果发生矛盾,最温柔的感情也会酿成流血的争端。

随着观念一个接一个地产生,人的精神和智慧也得到了提高:他们愈来愈温驯,彼此间的联系也愈来愈多,关系也愈来愈密切。他们经常在屋前或大树下聚会;唱歌和跳舞(这两者都是爱情和时间闲暇的产物)就成了他们的娱乐,或者说得更确切一点,变成了聚合成群的悠闲的男人和女人最喜欢的活动。每一个人都细心注

视另一个人,同时也希望自己受到别人的注视,于是,众人的尊敬,就成了对一个人的奖赏。唱歌或跳舞最棒的人,最美、最壮、最灵巧或最善言辞的人,就成了最受尊敬的人:走向人与人之间的不平等的开头第一步,就是从这里踏出的;走向罪恶的深渊的开头第一步,也是从这里踏出的。从这些初级的偏爱心中,一方面产生了虚荣心和对他人的轻视,另一方面也产生了羞耻心和羡慕心。由这些新的祸患之源造成的风波,最终给人类的幸福和宁静带来了巨大的危害。

人们一开始互相品评,尊重的观念一旦在他们的头脑中形成,每个人都认为自己有权利受到尊重。从此以后,任何人如有不尊重人的行为,就不可能不受惩罚:最初的文明礼貌的观念就是从这里产生的,甚至在野蛮人当中也是如此。任何故意伤害人的行为,都将被看作是一种存心凌辱,因为,除了伤害的行为造成了痛苦以外,被伤害者认为对他的人格的轻视往往比痛苦本身还难忍受;每个人都将根据别人对他表示轻视的方式而给以相应的惩罚:报复的手段是可怕的;人变成了凶暴残忍的人。我们所知道的大多数野蛮人此时的进化程度就是如此。有些人对这种情况没有作详细的分析,没有注意到此时的野蛮人离当初的自然状态已十分遥远,因此便匆忙得出结论说人天生是残酷的,必须严加管束才能使他们变得温驯。然而,实际的情况是:再也没有什么人比他们在原始状态中更温驯的了;由于大自然使他们处于离原始的愚昧和文明人的狡黠的智慧都是同等的距离,再加上本能和理智使他们只对那些威胁他们生存的危害才有所防范,所以在天然的怜悯心的制约下,他对任何人都没有伤害之心;即使受到别人的伤害,他也很少有以牙还牙的举动，因为，正如哲人洛克所说的："在没有私有制的地方，是不会有不公正的事情发生的。"

从刚开始建立的社会和人与人之间形成的关系这个角度看，这两者要求他们具有的品质，与他们得自原来的体格的品质是完全不同的。由于道德观念已开始影响人的行为；由于在法律产生之前，每个人对自己所受到的侵害应如何报复，完全由自己裁定，因此，适用于纯粹自然状态的善良之心，已不再适用于新产生的社会。随着侵害人的事情愈来愈经常发生，对这些事情的惩罚便愈来愈严厉：报复的恐怖代替了法律的制约。不过，尽管当时的人们已不如从前那么有忍耐心，天然的怜悯心也已经有所减弱，但人的资质的发展在这个时期恰好处于原始状态下的悠闲与我们的自爱心的急剧活动的正中间，因此，这是人类最幸福的时代，同时也是持续的时间最长的时代，关于这一点，我们愈是深入研究，便愈是发现这种状态是最不容易发生剧变的状态，因此，对人类来说是最好的状态。〔十六〕只是由于某些后果严重的偶然事件相继发生(为了共同的利益，它们永不发生就好了)，人类才脱离了这种状态。我们所发现的野蛮人的事例，几乎都能证明人类本来就是为了永远处于这种状态而生的，这种状态是人类真正的青年时期，后来的种种进步，表面上看起来是使个人走向完善，但实际上却使整个人类走向堕落。

只要人类满足于他们简陋的小屋，只穿用荆条或鱼骨缝制的兽皮衣，只用羽毛和贝壳做装饰品，用各种土颜料文身，努力改进他们的弓和箭并把它们做得更美观，用锋利的石斧凿木为渔舟或制作简单的乐器，一言以蔽之，只要他们只从事单独一个人就可操

作而不需要多人合力就能完成的技术工作，他们就能过着他们的天性所许可的自由自在的美好的幸福生活，继续享受他们之间无拘无束地交往的乐趣。但是，从一个人需要别人的帮助之时起，从他感到一个人拥有两个人的食物是大有好处之时起，人与人之间的平等就不存在了，私有财产的观念就开始形成，劳动变成了必要的事情，广大的森林变成了需要用人的汗水浇灌才能变成绿油油的庄稼地；而且，人们不久就发现，随着庄稼地里的收成的到来，奴隶制和贫困也开始产生。

冶金和农耕这两种技术的发明，带来了这一巨大的变革。使人走向文明但使人类走向堕落的东西，在诗人看来是黄金和白银，但在哲人看来却是铁和小麦。美洲的野蛮人迄今还不知道这两种技术，所以他们现在还依然是当初那个样子；其他的民族，只要他们只知道这两种技术的一种而不知道另一种，也依然是处于野蛮状态。欧洲的开化之所以与世界上的其他地区相比虽不算早，但至少更稳定，而且文明的程度也更高，其原因之一，也许就是由于它既富有铁也富有小麦。

很难推测人类当初是怎样认识铁和使用铁的；很难想象他们怎么会在不预知其结果以前就自动去开采矿石，并用必要的办法将它熔化。另一方面，也许是由于大自然的安排，不让人类发现这个不幸的秘密，所以铁矿多半都储藏在草木十分稀少的荒凉之地；既然是这样，我们就更没有理由说铁的发现是由于几场偶然的大火造成的结果。因此，事情的经过只能是这样的：某些不断喷射出熔化了的金属物质的火山所产生的奇异景象，使细心的观察者想到可以模仿大自然的这一活动；此外，我们还须假定他们有足够的

勇气和远见，决心进行冶炼这一艰苦的工作，并早就预见到能从这一工作中得到好处。这个工作，只有那些思维已相当发达的人才能从事，而此时的野蛮人的思维还没有发达到这个程度。

至于农耕，当初的人们对它的原理，在真正开始耕作以前是早已知道的。因为他们不断从树上或其他植物上摘取食物，就不可能不直接观察到大自然为繁育植物所采取的方法，只不过他们要很晚以后才把他们的智慧用于耕作，推究其原因，或者是由于树木同捕鱼和狩猎一样，用不着他们操什么心就能向他们提供食物；或者是因为他们还不知道小麦的用处；或者是因为缺乏种植小麦所需用的工具；或者是因为对未来的需要缺乏远见；或者是因为缺乏防止他人夺取他们劳动果实的办法。后来，由于他们的头脑愈来愈灵巧，便发现用有尖头的石头或树枝作工具，可以在他们的小屋周围种植蔬菜或根菜。此后，又过了很长一段时间，他们才开始种植小麦，制作大规模种植所需用的工具。不言而喻，他们这时候还不知道从事农耕，就必须先牺牲一些东西，然后才能获得更多的东西：这个道理，当时的野蛮人是根本想象不到的；他们那时候的智力，正如我在前面所说的：要他们在早晨想象当天晚上有什么需要，他们也是想象不出来的。

要人们去从事农耕，就还需要发明其他的技术。自从需要一些人去炼铁和打造铁器之时起，就需要另一些人生产食品去养活他们。工人的人数愈增多，为大家提供食物的农耕人数便愈减少，而消耗食物的人口总数是没有减少的。由于有些人用铁去换取食物，其他的人终于发现用铁器可以换取更多食品的秘密。从这个时候起，便一方面出现了一系列耕作方法和农业，另一方面又产生

了制作金属用具和推广金属用途的技术。

对土地的耕耘，必然会导致土地的被分割；私有财产一旦被承认，初期的公正规则便随之产生，因为，必须把属于每一个人的东西归还给每一个人，是以每一个人都能拥有某些属于他自己的东西为前提的。由于人们已开始注意到自己的未来，而且发现自己有某些东西可能要失去，所以每个人都害怕因为自己损害他人而遭到报复。这条法则之所以符合自然，是由于不可能设想除了自己双手的劳动以外，私有财产还有别的来源，因为，凡不是自己创造的东西，除了给它添加自己的劳动以外，就不可能把它据为己有。只有劳动才能使土地的耕作者对自己耕种的土地上的产品拥有收归己有的权利，因而也使他至少在收获以前对土地本身也拥有权利。这样年复一年地继续占有，便很容易使该土地转化成私有。[①] 格劳秀斯曾经说过：古人之所以把赛丽斯[②]称为立法者，并把纪念她的节日称为“黛摩福丽斯”[③]，是为了表明，由于土地的被

① 卢梭在《爱弥儿》第2卷中讲述了爱弥儿的老师如何向他的学生阐述土地占有权的形成。他说：“在试用这个方法把一些原始的观念教给孩子的过程中，我们就可以看出财产的观念是怎样自然而然地回溯到第一个以劳动占有那块土地的人的权利的。”（卢梭，《爱弥儿》，商务印书馆1978年版，上卷，第106页）特别是在《社会契约论》卷1第9章，卢梭对这个问题的阐述，尤为清楚。他说：“一般说来，要认可对于某块土地的最初占有者的权利，就必须具备下列的条件：首先，这块土地还不曾有人居住；其次，人们只能占有为维持自己的生存所必需的数量；第三，人们之占有这块土地，不能凭一种空洞的仪式，而是要凭劳动与耕耘，这是在缺乏法理根据时，所有权能受到别人尊重的唯一标志。”（卢梭，《社会契约论》，何兆武译，商务印书馆1987年版，第32页）——译者

② 赛丽斯：古罗马神话中主管农耕与庄稼收获的女神；据说，小麦的种植就是她教会人们的，当初关于土地占有的法律，也是她制定的。——译者

③ 黛摩福丽斯：人们对赛丽斯的尊称，意为“女立法者”——译者

分割便产生了一种新的权利——私有权;这种权利与根据自然法产生的权利是完全不同的。

如果大家的才能都是相等的,如果铁的使用量和食物的消费量都十分严格地一律平等,那么,在这种状态下的事物也许可以永远保持平等。然而,这种平等却难以维持,不久就被打破了。身体强壮的人干的活儿多,头脑聪明的人能从所干的活儿中得到更多的效益,手灵巧的人能想办法缩短自己的劳动时间,从事农耕的人需要更多的铁器,而打铁的人却需要更多的小麦;此外,尽管大家的劳动是一样的,但有的人挣得比别人多,有的人就连生活也有困难:自然的不平等就是这样随着情况的千差万别而不知不觉地产生的,而人与人之间的差别也随着情况的差别而变得日益明显,而且其影响也更深远,并按影响的大小而摆布着每个人的命运。

事情已发展到了这种程度,其余的情况就不难想象了。对于其他各种技术的相继发明、语言的进步、才能的锻炼与使用、财产的不平等、财富的使用或滥用以及随着这些情况而发生的种种细节,我就不再多说了,因为这是每一个人可自行补充的。现在,我只需对处在事物的新秩序中的人类的境况略加描述就可以了。

现在,我们的各种官能都得到了发展,记忆力和想象力也开始活动,自尊心树立起来了,理智活跃起来了,智力几乎发展到了它可能达到的完善程度。现在,所有的各种自然禀赋都在积极发挥作用;每个人的地位和命运,不仅建立在财产的数量和为他人效劳或损害他人的能力上,而且还建立在天资、容貌、体力、技巧、功绩和才能上。只有靠这些资质,才能赢得他人的敬重,因此必须早日具备这些资质或假装具有这些资质:为了自己的利益,必须表现得比自己实际的情况要好。“实际是”与“好像是”是两个完全不同的概念;根据这个区别,我们便可看出哪些人是在摆阔气,是在弄虚作假,在干种种随之而产生的坏事。另一方面,从前原本是自由的和独立自主的人,如今由于许许多多新的需要,可以说已完全受制于自然,特别是受制于他的同类;即使他成了他们的主人,但从某种意义上看,他也是他们的奴隶:如果他是富人,他就需要他们的服侍;如果他是穷人,他就需要他们的帮助;即使他不富也不穷,他也不能离开他们。因此,他必须不断使他们对他的命运表示关心,使他们实际上或表面上感到为他效劳对自己是有好处的。这样做的结果,必然使他对一些人行事奸诈和虚伪,对另一些人表现得十分粗暴和冷漠;而且,当他觉得不能使他所需要的人对他感到畏惧,或者觉得他为他们效劳对自己没有好处时,他就要对他们施展种种欺骗的伎俩。最后,毒害人的心灵的野心,以及不是为了真正的需要,而是为了显示自己高人一等的聚集财富的狂热,必然使人们产生互相损害的险恶意图,一种暗中嫉妒的用心:这种用心是极其危险的,因为它为了达到目的,往往戴着伪善的假面具。总之,一方面是由于竞争和敌对,另一方面是由于利害冲突,使人们个个都暗藏有损人利己之心;这种种灾祸,都是私有财产的第一个后果,是与新出现的不平等现象分不开的必然产物。

在发明代表财富的标记以前,用来计算财富的东西是土地和家畜;这两者是当时的人们所能拥有的唯一真正的财富。后来,当人们的产业不仅在数量上有所增加,而且范围扩大到布满大地以致彼此接壤的时候,一个人便只有损害他人,才能扩大自己的土地。那些由于体弱或懒惰而没有占有土地的人，尽管没有失去什么东西，但却变成了穷人，因为，他们周围的情况都变了，只有他们自己没有变，结果，只好要么接受富人的施舍，否则便去窃夺富人拥有的东西。由于富人和穷人的处境不同，从此便开始了统治和奴役、暴力和掠夺。富人一开始尝到统治他人的甜头，就不去采用其他的致富之道了：他利用他旧有的奴隶去压制新的奴隶，想方设法要把他的邻人置于奴隶的境地；这种情形，同饿狼一样：只要吃过一次人肉，它就不愿意吃其他动物的肉，而专吃人肉了。

最强悍的人和最贫穷的人就是这样把自己的力量或自己的需要视为一种侵占他人财富的权利的；在他们看来，他们的这种权利，和所有权是等同的。平等的状态被打破之后，随之而来的是可怕的混乱：富人的强取豪夺、穷人的到处劫掠和人们疯狂的贪欲，这一切扼杀了人的天然的怜悯心和微弱的公正的声音，使人变成了吝啬鬼、野心家和恶人。在强者的权利与先占有者的权利之间发生了无止无休的冲突，最后以战斗和屠杀告终。〔十七〕新生的社会让位于战争状态：被败坏了的可怜的人类，既无法返回原先的道路，又舍不得放弃已经到手的不义之财，于是，愈拼命干，便愈使自己蒙羞，不但滥用了本该使他获得荣誉的才能，反而把自己推到了毁灭的边缘。

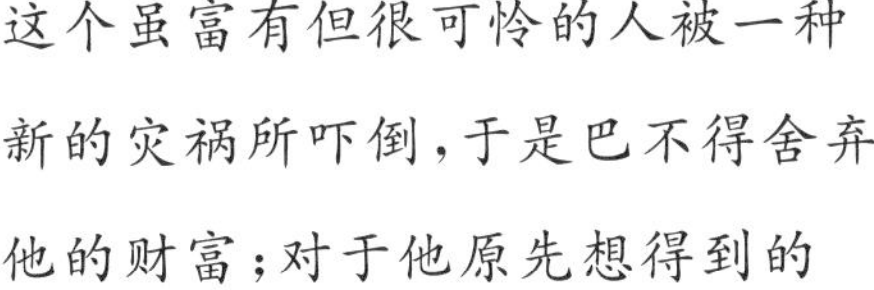

这个虽富有但很可怜的人被一种
新的灾祸所吓倒，于是巴不得舍弃
他的财富；对于他原先想得到的

东西，现在反而恨之入骨。①

对这样一种可悲的局面和所遭受的灾祸，人们是不可能不进行反思的。尤其是富人，他们不久就感到这样一场旷日持久的战争对他们是多么不利，因为战争的费用全由他们负担；战争中的生命牺牲虽说大家都难免，但财产的损失却全是富人的。此外，不论他们对自己强取豪夺的行为如何辩解，但他们也意识到他们所依据的权利是不稳定和不正当的：自己用武力夺取的东西，也可能被他人用武力夺走，而且，东西被夺走之后，自己还找不到申诉的理由。就连那些全靠自己的本事致富的人也不可能为他们财产的所有权找到更好的依据。他们枉自说什么："这堵墙是我修的；我是靠我的劳动获得这块土地的。"因为别人会对他们的这种说法马上加以驳斥："谁给你们划的这些分界线？你们凭什么要我们为那些不是我们要求你们做的工作给以报酬？你们知不知道有多少人因为你们所占有的东西过多而忍饥挨饿？你们知不知道需要大家一致的明确同意，你们才能从大家共有的生活资料中拿走超过你们的需要的东西？"富人没有正当的理由为自己辩护，也没有足够的力量来保护自己；他们虽可以轻易压制一个人，但他们自己也容易被一群来抢夺他们财产的人所制服。富人是单独一个人对大众，加之他们之间因相互嫉妒而很难联合起来对抗那些抱着抢劫财物这一共同目的蜂拥而至的敌人。迫于形势，富人挖空心思想出了一个以前的人们从未想过的办法：利用那些来攻击他的人的力量

① 奥维德，《变形记》Ⅺ，127。——原编者注

来为他自己服务;把敌人转变成他自己的保护者,并向他们灌输一些新的说法,给他们订立一些新的规章;这些规章对富人是有利的,而自然法对他们是不利的。

为了达到自己的目的,富人对他的邻人说:如果大家这样彼此相争,斗来斗去,就会使有些人的富有和另一些人的贫穷都同样成为一种沉重的负担:这种情况是很可怕的;在这种情况下,无论富人或穷人都没有安全可言。他编造一些动听的理由,使穷人接受他的主张,他说:"让我们团结起来,保障弱者不受欺凌,不让有野心的人得逞,保证每一个人都拥有属于他自己的东西;为此,让我们制定一些无论何人都必须遵守的保证公正和安宁的规章,让强者和弱者都互相承担义务,以便在某种程度上补偿不幸的命运造成的意外损失。总而言之,我们不但不把自己的力量用来危害我们自己,相反,我们要把它们集合成一个最高的权威,按照贤明的法律治理我们,保护团体中的每一个成员,抗击共同的敌人,使我们永远和睦相处。"

其实,用不着说这么多话,就可以使那些头脑简单的容易上当的人落入圈套,何况他们的内部还有许许多多的争吵,需要富人去作他们的仲裁。另外,他们还十分贪婪,野心也大,所以不能长时间没有主人去约束他们。现在,他们争相向锁链那里走去,还以为这样就可使他们的自由得到保障。尽管他们有足够的理由感到一种政治制度的好处,但他们没有足够的经验觉察其中的危害;而能预料到其中的弊端的,恰恰是那些想利用这些弊端谋取好处的人。就连那些明智的人也认为必须牺牲一部分自由,才能保有另一部分自由:这种情形,与一个伤员为了保命便只好截掉一只胳臂是一

样的。[①]

社会和法律就是这样或应当是这样起源的。它们给弱者戴上了新的镣铐,使富人获得了新的权力,〔十八〕并一劳永逸地摧毁了天然的自由,制定了保障私有财产和承认不平等现象的法律,把巧取豪夺的行径变成一种不可改变的权利,此外,还为了少数野心家的利益,迫使所有的人终日劳苦,陷于奴役和贫困的境地。人们不难看出,只要有一个社会建立起来了,就必然会引起其他社会的建立;为了对抗一方联合起来的力量,另一方的力量也将联合起来。社会的数目越来越多,并迅速扩大,不久就遍布世界各地。现在,要想在世界上找一个没有奴役的地方,已经不可能了;每个人的头上都有一把不知是谁悬挂的利剑,要想躲过这把利剑,已经不可能了。民法就是这样变成公民共同遵守的规则的。自然法只适用于不同的社会之间;它被称为万民公法,经过某些默认的协议加以协调后,可以使社会之间的交往成为可能,并代替天然的同情心发挥作用:因为天然的同情心在面临社会与社会之间的事物时,已几乎完全不能发挥它在面临个人与个人之间的事物时所能发挥的作用;现在,它只存留在某些胸怀博大的世界主义者的心中;他们越过了想象中的把不同的民族加以分隔的障碍;他们仿效他们的造

① 需要指出的是,卢梭后来在《社会契约论》中谈到自愿转让自由时,他的表述与这里的表述略有不同。他说:“人类由于社会契约而丧失的,乃是他的天然的自由以及对于他所企图的和所能得到的一切东西的那种无限的权利,而他所获得的,乃是社会的自由以及对于他所享有的一切东西的所有权。”(卢梭,《社会契约论》,何兆武译,商务印书馆 1987 年版,第 30 页)这两种表述并不矛盾,因为卢梭在《论不平等》中是追溯过去人类发展的假定的情况,而在《社会契约论》中则是论述人类现在可以采取的理想的社会模式。——译者

物主上帝的榜样,把他们的善心普及到全人类。

彼此都停留在自然状态中的各个政治团体,不久就感到一些不方便之处,迫使人们想赶快走出这种状态,而且,这种状态对庞大的政治团体的害处,比从前对组成这种团体的个人的害处还大。泯灭天性和理智的民族战争、大大小小的争斗、谋杀和报复行为,就是由此产生的;把涂炭生灵的行为说成是光荣的美德的偏见,就是由此产生的。甚至正直的人们也把残害同类视为一种不能不做的事情,以致互相残杀,牺牲了数以千计的人的性命之后,竟浑然不知为什么会发生这种事情。他们在战斗中,单单一天杀害的人,以及单单夺取一个城池之后造成的恐怖事件,就比他们在自然状态中几个世纪在全世界杀害的人和造成的恐怖事件还多。人类在分成不同的社会之后所造成的初步后果,就是如此。以下,让我们来继续研究这些社会是怎样建立的。

关于政治社会的起源,我知道有许多人还有其他的见解,例如起源于最强者的征服,或者起源于弱者的联盟[①]。究竟哪一个说法对,与我所要论述的事情无关。不过,我认为我在前面陈述的原因,看来是最合乎自然的。理由如下:(一)在第一种情况下,征服的权利根本就不是一种权利,因此不可能根据它来获得另一种权利。征服者与被征服的人民之间,除了被征服的民族完全恢复自由并自愿选择征服者做他们的首领以外,他们始终是处于战争状态的。在此以前,不论订立了什么样的投降条约,这种条约都总是以暴力为

① 对这两种说法,卢梭在他的《社会契约论》中进行了详细的驳斥,请参见该书卷1第2章《论原始社会》、第3章《论最强者的权利》和第4章《论奴隶制》——译者

基础的，因此条约的本身就是无效的。在这个假定上，既不能有真正的社会，也不可能有什么政治体，除了强者的法律以外，也不可能有其他的法律。(二)在第二种情况下，“强者”和“弱者”这两个词的意思是模糊的；在所有权或第一个占有者的权利的成立，与政府的权威的建立之间的这段间隙时间内，最好用“穷人”和“富人”来代替这两个词，因为，在法律出现以前，一个人若想控制他人，除了强夺他们的财产或者把自己的财产分一部分给他们以外，便没有其他的办法。(三)穷人除了自由以外，便没有其他怕失去的东西；除非他成了疯子，否则，他是不会无偿地自愿剥夺这个唯一属于他的东西的。相反，可以说富人对于自己的财产样样都是十分在意的；要侵害富人，那是很容易的，所以，他必须加倍提防，才能保障他的财产，因此，我们有理由认为，社会制度是由那些可以从制度中获益的人发明的，而不是那些受制度之害的人发明的。

新产生的管理机构没有一个固定的形式。由于缺乏有条理的思考能力和办事经验，所以他们只能觉察到眼前的不妥当之处；至于其他的弊病，只能在它们出现的时候，临时处理。尽管最贤明的立法者做了许多工作，但政治状态依然是不完备的，因为它几乎像是一种偶然出现的局面。由于先天的不健全，随着时间的推移，人们就发现了它的诸多缺点；虽提出了许多纠正的办法，但永远根除不了机构本身的弊病；他们虽不断采取补救的办法，但他们应该采取的最好的对策是：必须像莱格古士[①]在斯巴达的做法那样，先清

① 莱格古士：传说中的古希腊的立法者，据说，斯巴达严格的法律和军事组织，就是由他建立的。——译者

扫场地，清除一切旧的东西，然后才建设一座美好的大厦。当初的社会只不过是由几条一般的公约建立起来的：这些公约，每一个成员都必须遵守，并由共同体保证每一个成员都受公约的保护。后来，由于经验证明这样一个组织是多么脆弱，有些人是多么容易地钻公约的空子，尽管公众已经见证了他们的错误，他们也能逃脱相应的惩罚，而且，有些人还千方百计地践踏法律，社会的弊病和混乱状态日益严重：到这个时候，人们才终于想到把公共权力这一危险的工具交给几个人去掌管，由行政官去执行人民的决定。由此可见，有些人说联盟的首领在联盟建立以前就选定了的，法律的执行者在法律未订立以前就有了的，这种说法是经不起认真推敲的。

有些人说人民当初是无条件地和绝不后悔地投入一个专制的主人的怀抱的，说由飞扬跋扈的人想出的保证公众安全的最好办法是采用奴隶制：这种说法显然是不合理的。因为，说到底，如果不是为了抵抗压迫和保护作为人们的生存要素的财产、自由和生命，他们为什么要一个人来当他们的首领呢？在人与人的关系中，一个人遇到的最糟糕的情况是受他人的摆布；既然一个人是为了保存他仅有的东西才需要一个首领的帮助，那么，说他一开始就自愿放弃这些东西，把它们交给一个首领：这种说法岂不是不合常情吗？要他们让与一个如此重要的权利，首领能向他们提供什么样的等价物呢？如果首领以保护他们为借口，就公然强迫他们让与，他得到的回答，岂不是像一则寓言①中所说的“敌人对

① 是哪则寓言？卢梭没有说明。有研究家认为，很可能是法国17世纪的寓言作家拉封登(1621—1695)的《老人与驴》：

我们难道比主人对我们更凶狠吗?”无可争辩的是:人民之需要首领,是为了保护他们的自由,而不是为了让首领来奴役他们;这是全部政治法中的最基本的准则。正如普林尼对图拉真所说的:“我们之所以拥戴一个君王,是因为他可以保护我们不受一个主人的奴役。”

关于“对自由的追求”,政治学家所做的似是而非的论述,同哲学家对“自然状态”所做的似是而非的论述是如出一辙的。他们根据他们所看到的事物来评判他们没有见过的极不相同的事物。他们看见他们眼前的人以极大的忍耐心来承受奴役,便硬说人类有一种天然的奴隶的倾向,而没有想到人类有热爱自由和崇尚纯真与美德的倾向:对于这三者,只有亲身领略过的人,才知道它们的价值,而一旦失去了它们,也就会失去对它们的兴趣。布拉希达斯听了一位波斯的总督把斯巴达的生活同波斯波里斯城[①]的生活作了一番比较之后,便对他说:“我已经领略过你们国家的种种逸乐,而我们国家的种种乐事,你还没有见过,所以你还领略不到其中的

(接上页)

……

敌人此时即将到来。

“快逃跑呀!”老人喊道。

“为什么?”驴回答道:“敌人难道会

让我驮两副鞍,驮两倍的东西吗?”

“不是。”逃跑的老人说道。

“我归谁所有,这没有关系,”驴回答道:

“你逃你的命,我吃我的草。其实,

我们的敌人,是我们的主人。”

——译者

① 波斯波里斯:古波斯的大都会之一,在伊朗的齐拉兹城东,今称塔赫特贾姆希德。——译者

乐趣。”

一匹未驯服的烈马一见到人走近它，它便竖起鬃毛，用脚踹地，使劲反抗；而受过人的训练的马却乖乖地忍受鞭打和马刺的尖刺；同烈马一样，一个野蛮人是不会像文明人那样毫无怨言地戴上枷锁的；他宁可要狂风暴雨中的自由，也不愿意要和平安宁中的奴役。因此，我们不应当根据被奴役的人民的堕落状态，而应当根据所有一切自由的人民为反抗压迫而创造的壮丽事业，来评判人的天性是赞成还是反对奴役。我知道前一种人经常吹嘘他们在枷锁的束缚下所享受的和平与安宁，其实，他们是“把悲惨的奴隶状态称为和平”。可是我发现：第二种人却宁可牺牲他们的快乐、安宁、财产、权力甚至他们的生命来保护他们唯一的财产——被失去自由的人视为敝屣的自由。我还发现，生来是自由的动物是不愿意被关在笼中的，因此，它们宁可撞得头破血流，也试图用头去撞破笼子；此外，我还发现许许多多赤身裸体的野蛮人对欧洲人的奢侈品不屑一顾，而且，宁愿忍饥挨饿，不怕战火和牢狱之苦，甚至牺牲生命，也要保护他们的独立：当我发现这一切的时候，我认为，靠奴隶们来讨论自由的问题，是讨论不出一个所以然来的。

有些人认为绝对专制政府和各种社会是由父权派生出来的。其实，关于父权的问题，我们用不着去引用洛克和席德尼的相反的论点，只需指出这一点就够了：在世界上，再也没有什么东西比父权的温柔与专制主义的暴虐更大相径庭了，因为父权的行使，给服从父权的人带来的好处，比行使父权的人得到的好处大得多。按照自然法，父亲只是在他的孩子需要他帮助的时候，他才是孩子的主人；过了这段时间，他们就是平等的，孩子便完全脱离父亲而独

立。他们对于父亲，只有尊敬的义务，而没有服从的义务，因为报答父母固然是一种应尽的义务，但不是一种可以强迫索取的权利。我们不仅不能说文明社会是由父权产生的，相反，我们应当说父权的主要力量是来源于社会：一个人只有在他的子女留在他身边的时候，他才能被认为是他们的父亲；父亲是他自己的财产的真正的主人，是使他的孩子依附于他的纽带；他可以根据他们以往对他的意志的尊重程度，分给每一个人配继承的一部分财产。而臣民是不可能从他们的专制的君主那里得到这样的好处的，因为他们和他们所有的一切是属于君主个人所有的，至少君主认为是如此的，因此，当君主把臣民自己的财产留一部分给臣民时，反倒被认为是君主赐予的恩惠。君主剥夺臣民，被认为是正当的权利；他让他们有一碗饭吃，竟被认为是君主的施恩。

如果我们继续这样根据权利来论证事实，我们就会发现：所谓专制制度的建立是出于人民的自愿，这种说法是缺乏坚实的理由的，也是不符合实际情况的。如果一项契约只约束一方，一切义务由一方负担，而另一方毫无义务，从而使负担义务的一方完全处于不利的地位，那么，要论证这样一项契约的有效性，也是很困难的。这种丑恶的制度，即使在今天，贤明的国王也是不会采用的，尤其是法国的国王更不会采用；这一点，从他们多次颁发的诏书中就可以看出来，例如1667年以路易十四的名义颁发的一道诏书，其中有一段话就是这样说的：“切不可说国王不受他的国家的法律的约束，因为与此相反的论断乃是万国公法中的一个真理；尽管这个真理有时候遭到阿谀奉承之徒的攻击，但贤明的君王总是像国家的保护神那样极力维护这一真理。如果我们都像哲人柏拉图这样说，那就好了；他说：一个王国的至福在于臣民服从他们的国王，国王服从法律，法律是公正的，而且总是以公众的利益为依归。”我不打算在这里花时间探讨这个问题：既然自由是人的财富中最宝贵的财富，那么，为了取媚于一个残暴的或疯狂的主人，就毫无保留地抛弃他们得自上天最宝贵的恩赐，甚至屈从主人的旨意去犯造物主禁止我们去犯的种种罪恶，这岂不是在使人类的天性堕落，把自己完全置于那些受本能支配的禽兽的水平吗？这岂不是在侮辱我们的造物主上帝吗？至高无上的造物主看见他最美好的作品*不止是被羞辱而且是被彻底摧毁，他难道不十分愤怒吗？我要问那些公然不怕使自己堕落到这个地步的人有什么权利让他们的后代也蒙受这样的耻辱？凭什么要他们的后代放弃不是得自他们赐予的财富？人们须知：对一切配享这种财富的人来说，如果不拥有这些财富，那么，就连生命本身也是沉重的负担。

普芬道夫说，既然一个人可以通过协议和契约把他的财产转让给另一个人，那么，他也可以为了别人的利益把他的自由转让给别人。我觉得，这样推论，是大错特错的，因为，第一，我的财产一经转让之后，就变成与我无关的东西，别人如何滥用，与我没有关系；然而，如果别人滥用我的自由，那就与我有关了，因为我很有可能成为别人犯罪的工具，去干一些使我不能不成为罪人的坏事。此外财产权是人们协定和制度的产物；一个人可以任意处置他拥有的

---

* 如果大家愿意，我在这里就不再论述巴贝拉克的权威性见解了。他按照洛克的观点，宣称：任何人都不能出卖自己的自由，让自己去听从一个专横的统治者的任意处置；因为他认为：出卖自己的自由，就是出卖自己的生命，而任何人都不是自己生命的主人。（1782 年版注）

东西，然而上天给我们的主要礼物，就不能让别人任意处理了，例如生命和自由就是如此。这两者，每一个人都可以享受，而是否自己有权放弃，至少是值得怀疑的，因为，放弃了自由，就贬低了自己的人格；[①]而放弃了生命，那就完全消灭了自己的存在：任何一种世间的财富都不能补偿这两种东西，所以，无论以多大的代价放弃它们，都是违反自然和违反理性的。即使一个人可以像转让他的财产那样转让他的自由，但就孩子们来说，其间的差别就太大了，因为子女们是由他们的父亲转让他自己的权利而享受他的财产的，而自由是孩子们作为人而得自上天的礼物[②]，所以他们的父母无权剥夺。可见，奴隶制的建立是有伤天性的；只有改变了人的天性，才能使奴隶制长久存在。法学家们口口声声说什么奴隶的孩子生下来就是奴隶，其实，他们真正的意思是说人生下来就不是人。

我认为这一点是肯定的：政府并不是一开始就是专制政权；专制制度是政府腐败造成的，是走向极端的结果。它使政府最终又回到只有依靠最强者的权力才能存在的地步，虽然当初政府正是为了纠正最强者的权力的弊端才建立的。此外，纵使政府一开始就是专制政权，这个政权就其性质来说也是不合法的，是不能作为各种社会权利的基础的，因此，它不是由制度造成的不平等现象赖以产生的基础。

① 后来，卢梭把这一点说得更透彻，他说：“放弃自己的自由，就是放弃自己做人的资格，就是放弃人类的权利，甚至就是放弃自己的义务。”（卢梭，《社会契约论》，商务印书馆1987年版，第16页）——译者

② “纵使每个人可以转让其自身，他也不能转让自己的孩子，孩子们生来就是人，并且是自由的；他们的自由属于他们自己，除了他们自己而外，任何别人都无权加以处置。”（卢梭，《社会契约论》，商务印书馆1987年版，第15－16页）——译者

关于一切政府的基本契约的性质，是尚待探讨的问题，因此我今天暂不谈它。在这里，我只是按照通常的见解，把政治体的建立看作是人民与他们所推选的首领之间的一项契约行为；缔约的双方都必须遵守契约中规定的法律，因为法律是把他们联系在一起的纽带。在社会关系方面，人民既然把他们所有的意志都集中起来成为一个唯一的意志，则体现这个意志的各项条款就将成为国家的成员都无一例外地必须遵守的各种法律；其中有一项法律将规定负有监督其他法律行使之责的官员的遴选与权力的行使。这项权力可管辖一切与维护根本大法有关的事务，但不涉及大法的变更。此外，还规定了一些使法律的执行者受到尊重的礼遇，并给他们本人一定的特权，以补偿他们为了把行政工作做好而付出的艰苦劳动。在官员方面，他们将承诺只把按照委托者的意愿交给他们的权力用来保证每个人都能平平安安地享受属于他们所有的东西，并在任何情况下都把公众的利益放在自己的利益之上。

在还没有得到经验的证明以前，或者，在人的知识尚未使人能预见到这样一种根本大法的各种不可避免的弊端以前，只要负责维护它的人极力关心它，它就有可能成为比较好的根本大法；由于官员的设置和他们的权利是依据根本大法产生的，所以，如果根本大法被摧毁，则官员们就将失去他们合法的地位，而人民也就不再非服从他们不可了：在国家的构成方面，基本的要素不是官员，而是法律，所以每个人又恢复了他天然的自由。

只要我们在这方面稍加思考，就会发现有许多新的理由来证实这个论断；而且，根据契约的性质来看，它也不是不可以废除的，因为，既然没有更高的权威能保证缔约者的忠诚，并强迫他们履行相互的义务，那么，就只有缔约双方能成为他们的争端的唯一裁判者了；双方中的每一方都可在发现对方违背契约的条款或者发现契约的条款对他不利的时候，有权终止契约。看来，弃权的权利也许就是以这个原则为依据的。不过，就人类社会的政治制度而言，既然掌握一切权力并把契约的一切利益都据为己有的官员尚有放弃职权的权利，那么，因首领们的错误措施而受到损害的人民就更应当有抛弃从属关系的权利了。但是，这种危险的权利必然会引起可怕的纷争和无穷的混乱。这种情况说明人类的政治组织是多么需要比单纯的理性更为坚固的基础，并且为了公共的安宁，是多么需要神意的参与，以便给予最高权力以一种神圣不可侵犯的性质，从而剥夺臣民对于最高权力的那种可怕的处分之权。尽管宗教有它的弊端，但是，只要它对人们做了这种有益的事，就足以使人们热爱它和信奉它，因为它使人们避免的流血事件，比因宗教狂热引起的流血事件还多得多。现在，言归正传，让我们继续针对我们假设的情况进行探讨。

政府之所以有不同的形式，是由于政府成立的时候，个人与个人之间存在的或大或小的差别造成的。如果有一个人在能力、品德、财富和威信上都超群出众，而且只有他独自一人当选为行政官，则国家因此就成为君主制国家；如果有几个差不多相等的人胜过所有其他的人，他们就会一起当选，于是国家就成为贵族制国家[①]；如果大家在财富和才能方面都相差无几，而且离自然状态不

① “贵族制”是政治学上关于国家政治体制分类的一个用语。卢梭在这里和后来的《社会契约论》中也使用这个词，但词中的“贵族”二字没有人们通常所说的公爵、侯爵或皇家与王室成员的意思。——译者

那么遥远，大家便共同掌握最高的行政权力，而国家也因此便成为民主制国家。至于哪种形式的政府对人民最有利，时间已经给予了证明。有一些人始终服从法律，而另一些人不久便听命于他们的主人。公民想保住他们的自由，而臣民却不能容忍他人享受他们无法享受的幸福，因此总想侵犯邻人的自由。总而言之一句话，一方追求的是财富和征服，而另一方追求的是幸福和美德。

在开始的时候，这几种政府中的行政官都是由人们采取挑选的方式推选出来的。在个人的财富不占首要的挑选条件时，挑选的条件偏重于选取一个人天生就高人一等的才能；其次看年龄，因为年龄大的人经历的事情多，经验丰富；再次看被推选的人考虑问题是否沉着冷静。希伯来人的“前辈”、斯巴达人的“长者”、罗马的“元老院”以及“领主”这个词的词源[①]本身，都表明从前的老年人是多么受人尊重。不过，推选愈是偏向于年龄大的人，则推选的次数便愈益频繁，其中的弊端也愈益凸显：玩弄阴谋的事情时有发生，拉帮结派的情形出现了，内战爆发了，最后，搞得公民们都为了所谓的国家的幸福而流血牺牲，使人们又处于古代无政府状态的前夕。有野心的首领便利用这些情况使他们家族中的人长期担任他们的职务：这时候，人民已经习惯于处于依附的地位，习惯于生活的安稳和平静，已经不愿意打破他们身上的枷锁了；甚至为了生活的宁静，就是再加重对他们的奴役，他们也甘愿忍受。这样一来，国家的首领便成了世袭的；他们把官职看作是他们家中的一项财产，把自己看作是国家的主人（虽然他们当初只不过是国家的一

① “领主”(Seigneur)一词，来自拉丁文的 Senior，意为“大人”、“长老”。——译者

个官吏），把公民视为他们的奴隶，把公民像牲畜那样计算在自己的财产数目之内；他们把自己看作是等同上帝的列王之王。

如果我们循着人与人之间的不平等现象在这几次革命性的变化中的进展情况继续探讨下去，我们将发现：法律和个人财产权的建立，是在它的第一个阶段；行政官的设置，是在第二个阶段；在第三个也就是最后一个阶段，则是把合法的权力变为专制的权力；因此，富人与穷人的地位在第一个时期是人们认可的；强者与弱者的地位在第二个时期是人们认可的；而主人与奴隶的地位则是在第三个时期认可的。这时候，不平等现象已经达到了顶点；其他两个时期出现的现象现在也达到了顶点，直到新的革命性巨变使政府完全瓦解，或者使它接近于成为合法的制度。

为了了解这一进展的必要性，我们在研究政治体成立的动机方面可少花点功夫，而应当多花些时间考察它成立之时所采取的形式和它成立之后出现的种种弊端，因为，使社会制度成为必要的种种弊病，同时也是使之不可避免地遭到滥用的弊病。在世界上，只有斯巴达法律的主要任务是监督儿童教育，而且莱格古士还树立了一些几乎不要法律的维护就能为人们遵循的善良风俗：一般来说，法律的力量是小于欲望的力量的，它只能约束人，但不能改变人。因此，不难证明：一个既不腐败又未变质，而且总是严格按照当初成立之时的目的向前行进的政府，很可能是没有必要而成立的政府；凡是无人规避法律和滥用职权的国家，是既不需要设置官员，也不需要订立法律的。

政治上的差别，必然导致社会地位的差别。人民与首领之间愈来愈不平等的现象，不久之后在个人与个人之间也出现了，并因每个人的欲望、才能和境遇的不同而有千百种不同的表现形式。行政官每窃取一项不合法的权力，就必然会遇到一些他不能不让与一部分权力去加以笼络的小人，而公民们是只有在被某种盲目的奢望误导之下才愿意受压迫的；他们的目光往下看而不往上看，认为统治别人比独立自主更可贵，因此同意戴上枷锁，以便转过身去把枷锁戴在别人身上。然而，要想使那些没有统治他人之心的人乖乖地服从，那是很难的；即使是手段高明的政治家也未能做到使那些一心只追求自由的人俯首称臣；然而不平等现象却可以毫无困难地在那些有贪心和懒闲的人当中蔓延；他们甘愿听从命运的摆布：是统治别人还是侍候别人，在他们看来都无所谓，这要看对他们是有利还是没有利而定。因此，有一个时期，人民的眼睛是如此地被蒙蔽，以致他们的领导人只须向他们当中的最微不足道的人说一声“我让你和你的家人从此成为大人物，”他立刻就自以为了不起，在众人面前装出一副显贵的样子；而他的后人离他的代数愈远，反倒愈神气：使他们显得煊赫的原因愈久远和愈难查证，其效果反而愈大；在一个家族中，游手好闲、无所事事的人愈多，那个家族愈有名望。

如果在这里应当谈一下细节的话，我可以很容易地证明：一旦人们结合在同一个社会里之后，人与人之间就不可避免地会出现威望和权力的不平等*。〔十九〕因为，他们之间必然会互相比较，必然会从继续不断地彼此利用中发现他们之间的诸多差异。这些差异有好几种，但通常是财富、身份或地位、权势和个人的才能这

* 即使没有政府的干预。（1782 年版注）

四者是主要的差异。人们根据这些差异来衡量自己在社会中的地位。我认为，这几种力量是互相协调还是彼此冲突，是一个国家治理得好或坏的主要标志。我将使人们看到，在这四种不平等现象之中，人的地位的不平等是其他几种不平等的根源，而财富尽管是最后一个不平等，但其他各种不平等最后都将归纳到财富的不平等之中，因为财富是与人的幸福直接攸关的，是最容易使人感受到的，是可以用它来购买一切的。根据这一点，我们可以很准确地判断每个民族已经离开其原始的状态多么远和是否已经走上了通向腐败终端的道路。我还将论证：这种使我们陷于毁灭的追求名誉、地位和特权的普遍的欲望是如何使我们的才能和力量受到磨炼和互相较量的，是如何刺激我们的贪心并使我们的贪心愈来愈多的，是如何使所有的人互相竞争，彼此敌对，甚至成为仇人：许许多多的觊觎者在同一个竞技场上厮拼，有些人失败了，有些人成功了，而有些人被弄得身败名裂。我还将论证：正是由于人们有这种力图使自己得到别人夸赞的强烈欲望，有这种几乎使我们终日处于疯狂状态的出人头地之心，所以才产生了人间最好的事物和最坏的事物：我们的美德和恶行，我们的科学和谬误，我们的蛊惑家和哲学家，都是由此产生的，这就是说，从少量的好事中产生了一大堆坏事。最后，我还将论证：人们之所以看到一小撮权贵和富人享尽荣华富贵，而大多数人挣扎在黑暗和贫困之中，是因为前一种人能剥削后一种人，获得种种供他们享受的东西，因此，如果情况不变的话，只要人民不受剥削，不再贫困，则富人和权贵就不会再那么趾高气扬，养尊处优了。

单单就这些细节加以阐述，就可以写成一本厚厚的书；我们可以在书中用人在自然状态中的权利作标尺，来衡量各种政府的优点和缺点，并揭示人与人之间的不平等迄今所呈现的不同面貌以及它在今后的岁月里随着政府的性质和时间必然引起的巨大变化又将呈现何种面貌。我们将看到：广大的群众为防御来自外部的威胁而采取的一系列预防措施，正好在内部被用来压迫他们自己；我们还将看到：压迫的程度在继续不断地增加，而受压迫的人们永远不知道何时才能到达尽头，更不知道应采取哪些合法的手段加以制止；我们还将看到：公民的权利和民族的自由已一点一点地消失，而弱者的呼声被看作是煽动叛乱的谣言；我们还将看到：政治家们把保卫共同事业的荣誉只给予一小部分受政府雇用的人；我们还将看到：正是由于这些原因，才产生了向人民征收捐税的必要性，使灰心丧气的农民甚至在承平时期也纷纷离乡背井，逃往他处，抛弃犁头，拿起刀枪；我们还将看到：荒诞无稽的有关荣誉的法规频频出台；我们还将看到：祖国的保卫者迟早会变成祖国的敌人，将刺刀指向自己的同胞；最后，人们终有一天会听到他们向压迫人民的暴君说：

如果你命令我把利剑刺进
我兄弟的胸膛和我父亲的咽喉，
或刺进我那怀孕的妻子的腹部，
我虽于心不忍，我也要执行你的命令。[①]

① 卢卡鲁斯，《发尔萨尔》，1，376。——译者

从社会地位和财富的极端不平等中，从人们多种多样的欲望和才能中，从无用的和有害的艺术及肤浅的哲学中，将产生许许多多与人的理性、幸福和美德相背离的偏见。我们将看到国家的首领将制造种种事端，使结合在一起的人们离心离德，日益衰微；使社会具有虚假的祥和气氛，但暗中却播下分崩离析的种子，并利用人们权利和利益的矛盾，挑拨他们对各阶层的人都不信任和互相仇视，从而使首领们可以强化他们控制人民的权力。

从那混乱和巨变的旋涡中，专制暴君逐渐抬起他那丑恶的头，吞食它在全国各地发现的美好和健康的东西，践踏法律，蹂躏人民，最后在共和国的废墟上建立起他的统治制度。在这最后一次巨变发生之前的时期，是变乱丛生、灾祸频仍的时期，而到最后，一切都将被这个恶魔吞没；人民的领袖和法律已不复存在；他们的头上只有暴君。从这个时候起，善良的风俗和美德已荡然无存，因为到处是暴君在统治，他到处横行，不能容忍再有其他的主人。他一发号施令，就必须不问是非，照命令执行：绝对的盲目服从，被视为奴隶们的最好的美德。

到了这个地步，就到了不平等的极限：这里是关闭一个圆圈的终点，同时又是我们当初出发的起点。在这里，所有的人又都是平等的，因为他们已形同虚无，什么也不是了。臣民除了服从主人的意志以外，便没有其他的法律可以遵循，而主人除了按他自己的欲望行事以外，便没有其他的规则来引导。善的观念和正义的原则已烟消云散。到这里，一切又都以最强者的法律为依据，从而又回到了新的自然状态；不过，这个自然状态，与我们当初开始时候的自然状态截然不同，因为后者是纯洁的自然状态，而前者是极端腐

败的结果。这两种状态在其他方面的差别是如此之小，而政府的契约又是那么的在专制制度控制之下，因此，暴君只有在他是最强者的时候，他才是臣民的主人，而人民一旦将他废黜，他对人民的暴力行为是没有任何怨言可说的。以绞死或废黜暴君为结局的暴乱，同暴君当初之利用暴乱屠杀人民和掠夺财物的行为一样，是合法的。暴君的位子靠暴力维持，而要推翻他，也必须同样靠暴力。一切事物都是按照自然的秩序进行的：不论那些短暂的和频频发生的革命的结果如何，谁也不能抱怨说他们不公正；要抱怨，就只能抱怨自己的过错和不幸。

那条把人类从自然状态引向文明状态的道路，虽已被人遗忘，了无痕迹，但是，当它被我们发现并追寻下去的时候；当我们根据我在前面描述的中间状态——我因时间匆促不得不略而未提的或因我的想象力不够而未能想到的状态——一一复原以后，每一位细心的读者都将对这两个状态之间相隔的距离之大感到惊诧。他们将在事物一个接一个的缓慢变化中，发现那把可以解开哲学家们未能解决的许许多多伦理和政治问题的奥秘的钥匙；他们将感到此一时代的人与另一时代的人有所不同；他们将发现，第欧根尼[1]之所以未能找到他心目中的人，是因为他想在他的同时代人当中去寻找早已过去的时代的人。细心的读者将慨然长叹：卡

① 第欧根尼(公元前约 413—前 327)：古希腊犬儒学派哲学家。据说，他住在一个大木桶里；白天打着灯笼去“找人”；亚历山大问他希不希望送他什么东西，他回答说“当然希望，我希望你把你挡着的阳光还给我。”——译者

托[①]之所以和罗马与自由一同消失，是因为他错生在他那个时代，假使五百多年前由他来统治这个世界的话，这个伟大的人一定会震惊世界的。总而言之一句话，细心的读者们将发现：人的心灵和欲望是怎样在不知不觉中变了质的，可以说是改变了天性；我们的需要和乐趣是怎样随着时代的变化而有了改变的。他们还将发现：为什么在原始人逐渐消失的时候，在贤者看来，充斥社会的是一大群伪君子和许许多多没有任何自然基础而是从新的关系中产生的人为的欲望。我们在潜心思考中发现的这些情况，已经得到了我们耳闻目睹的现象的证实：野蛮人和文明人在心灵深处和天性的倾向方面是如此的不同，以致在野蛮人看来是极幸福的状态，在文明人看来却苦不堪言。野蛮人向往宁静和自由，一心只想悠悠散散地生活；即使是斯多葛派哲学家的“清心寡欲”，也不及他那样对一切事物的漠不关心。与野蛮人相反，文明社会里的人成天忙个不停，汗流浃背；为了寻找更辛苦的工作而终日忧心忡忡，自己折磨自己，为了生活而不停地奔波，或者为了永生而放弃今生；他们憎恨大人物，可是又去求大人物的恩宠；他们看不起富人，可是又去求富人的帮助；为了得到为权贵与富人效劳的机会，竟不惜一切代价去钻营；他们低三下四，去寻求那些人的保护，不但不以为耻，反而引以为荣，以能当奴隶为骄傲，甚至以不屑一顾的口气谈论那些没有机会与他们分享这份“体面”的人。一位欧洲宫廷大臣的繁重而又令人羡慕的工作，在一个加勒比的野蛮人看来，简直

---

① 卡托：指小卡托（公元前95一前46），古罗马政治家，反对恺撒的独裁统治，失败后，自杀身亡。——译者

是在受罪！这个懒懒散散的野蛮人宁愿惨死一千次，也不愿意过那种生活，因为那种生活之可怕，能以搞好工作中得到的快乐来减轻吗？要这个野蛮人理解如此辛苦工作的目的，就必须让他先懂得“权势”和“荣誉”这两个词的意思；就必须让他知道这世界上就有那么一种人把别人的脸色看作一把尺子：这种人对自己是不是幸福，不是凭自己的感觉，而是看别人对他所流露的表情。所有一切差别的真正原因在于：野蛮人自己过自己的生活，而终日惶惶不安的文明人的生活价值，是看别人的评论而定，这就是说，他对自己的生活的感受，是以别人的看法作自己看法的依据的。尽管有些人满口的伦理道德，但怎么会从这样一种心态中产生对善与恶如此黑白不分的冷漠态度呢？这个问题，不属于我讨论的范围。此外，为什么一切归根结底都是表面现象，都是人为的和装出来的？以荣誉、友谊、道德甚至恶行来炫耀自己的奥秘何在？总而言之一句话，尽管我们学了那么多哲理，也懂得什么叫人道和礼貌，而且又熟知那么多嘉言隽语，但为什么又要去问别人对我们的看法如何，而不敢自己问自己是怎样一个人？看起来光荣而实际上不符合道德，看起来富于理性而实际上缺乏智慧，看起来快乐而实际上并不幸福：这一切，怎么会全都是虚假的和骗人的外表？[1] 这些问题，也不属于我讨论的范围。我的任务是论证：这一切都不是

① 这一大段话的意思，卢梭在《论科学与艺术》这篇论文中早已有所阐述，后来在《爱弥儿》中又再次作了发挥。他说：“……当权力要依靠舆论的时候，其本身就带有奴隶性，因为你要以你用偏见来统治的那些人的偏见为转移。……一旦要用他人的眼光去观察事物，你就要以他人的意志为自己的意志了。……你经常说：‘我们想这样做，’实则你做的往往是他人想做的事情。”（卢梭，《爱弥儿》，商务印书馆 1978 年版，上卷，第 80 页）——译者

人类的原始状态，使我们所有的自然倾向发生变化和遭到败坏的，是社会的风气和它所产生的不平等现象；我只要把这两点阐明就够了。

我已经尽可能详细地阐述了不平等的起因和它的发展，阐述了政治社会的建立和它的弊端：这些事情，只要我们按照理性的引导，就可以从人类的天性中推导出来，而无须借助于作为君权神授说的依据的神圣的教义。我们从以上的陈述中可以看出，不平等现象在自然状态中几乎是不存在的；它之得以产生和继续发展，是得助于我们的能力的发展和人类知识的进步，并最终是由私有制的出现和法律的实施而变得十分牢固和合法的。从以上的陈述中，我们还可以看出，仅仅被实在法所认可的精神上的不平等，每当它与生理上的不平等不成比例时，它就和自然法是相违背的；我们对普遍存在在各文明民族中的不平等现象所持的看法之所以不同，就是因为这种不成比例的程度有所差别的缘故；因为，不论人们怎么说，一个小孩子指挥一个老年人，一个傻子领导一个智者，一小撮人脑满肠肥，吃用不尽，而大多数人却因缺乏食品而面带菜色，这显然是违反自然法的。

注　　释

献　　词

〔一〕(正文第23页)据希罗多德说,在伪斯麦尔迪斯[①]被杀后,波斯的七个解放者聚在一起讨论他们的国家应采取何种政体。奥达勒斯坚决主张共和制;这个意见出自一个总督之口,是令人十分惊异的,因为除了怀疑他可能对国家的权力有所觊觎以外,显贵们之害怕一个强要他们尊重人民的政府,比害怕死亡更有甚之。可以想象得到,奥达勒斯的意见没有被采纳。眼见人们即将采取君主政体,奥达勒斯便采取既不服从也不反对的态度,而且自愿把争取王位的权利让给其他几位竞争者;他要求得到的补偿是:让他和他的子孙永远过独立自由的生活。他的要求得到了允许。尽管希罗多德没有说明对他的这项特权是否有什么限制,但可以想象得到,是一定有某种限制的,否则的话,奥达勒斯既可以不受任何法律的约束,也无须对任何人负责;这样一来,他将成为国家之中最有权势的人,甚至比国王本人更有权威。但是,一个人在这种情

① 伪斯麦尔迪斯:指祭司戈马塔。真正的斯麦尔迪斯是波斯国王希鲁斯二世的次子;他被其兄冈比斯二世处死后,戈马塔便盗用他的名字,于公元522年趁冈比斯二世逝世之机,篡夺了波斯王位,故人们称之为“伪斯麦尔迪斯”。——译者

况下能满足于这样一种特权，看来是不会滥用这种特权的。果然，尽管有这种特权，贤明的奥达勒斯和他的子孙们都没有利用这种特权在王国制造任何事端。

序 言

〔二〕（正文第 35 页）从我开始写这篇论文之时起，我就决定立论必须根据哲学家们最尊敬的权威之一的意见，因为权威们的意见是来自只有他们才能发现和感受到的坚实的和崇高的理性。

“无论我们是多么盼望自己能认识我们自己，但我不知道我们是否对我们身外的一切事物反而认识得更清楚。由大自然赐予我们专门用来保护生存的器官，我们却把它们用去接受与我们无关的印象；我们一心想使我们自己向外扩展，去过我们不该过的那种生活；我们过多地增加我们感官的功能，过分扩大我们生活的外部环境，而很少使用我们内省的认识能力，然而，只有这种内省的认识能力能把我们领回到我们真正的内心世界，把一切不属于我们的东西分开。如果我们想认识我们自己，我们就必须使用这种能力；只有运用这种能力，才能评判我们自己。但是，要怎样才能使这种能力活跃起来并尽量发展呢？怎样才能使我们的内省能力所依托的灵魂摆脱我们精神上的种种幻觉呢？我们已经失去了使用它的习惯；在我们肉体的感觉纷纷扰扰的骚动中，我们的灵魂一直处于沉寂状态；它已经被我们的种种欲望的火焰烘干枯了；我们的思想、精神和种种感觉，这一切都在侵蚀它。”（毕丰，《博物学》，第 4 卷，第 151 页，《论人的天性》）

第一部分

〔三〕(正文第51页)从长期用两脚行走在人体的构造方面所引起的变化来看,从人的两只胳臂和四足兽的两只前腿的诸多共同点来看,从四足兽行走的方式中得出的结论来看,我们不能不怀疑究竟哪一种行走的方式才是最自然的方式。所有的小孩子开始都是用四足行走的,然后学我们走路的样子,由我们教他们,他们才能站起来行走。今天还有一些野蛮人,例如霍屯督人,是不大关心孩子们走路的方式的;他们听任孩子们老是用两手和两脚爬行,以致后来要花许多功夫才能让他们站起来走路;安第列斯群岛上的加勒比人的小孩子也是如此。我可以举出几个四足人的例子,例如1344年发现的那个被狼养大的孩子,就一再对亨利亲王宫里的人说:如果由他做主的话,他宁愿回去和狼一起生活,而不愿意和人一起生活。他已经如此地习惯于像狼那样行走,以致人们不得不在他身上系几个木板,才能强使他站立起来,学习用两脚保持平衡;1694年在立陶宛森林的熊窝中发现的那个小孩子,也是如此。据孔狄亚克说,这个孩子没有任何迹象表明他有理智,只能用两手和两脚爬行,不会说话,发出的声音一点也不像人的声音。几年前被送到英国王宫中的那个小汉诺威野蛮人,人们费了九牛二虎之力才教会他用两脚行走。1719年在比利牛斯山发现的那两个野蛮人,在山上奔跑起来跟四足兽完全一样。有些人提出不同的看法说,这些例子只能表明那几个野蛮人是不知道手的用途的(而我们是知道两只手是有许多用处的);其实,除了以猴子为例能证明两只手有两种不同的用法以外,那些人的看法只能说明人的

四肢除天赋的用途以外，还有其他更合适的用途，而不能说明大自然一定要人非照它规定的样子行走不可。

不过，为了证明人是两足动物，我觉得是可以找到许多其他的理由的。首先，虽说有些人能证明人类当初并不是我们今天所看到的样子，而是后来变成这个样子的，但这还不足以得出结论说人就是这样变化过来的，因为，在论证了这些变化的可能性之后，至少还要指出这些变化的逼真性，然后才能让人们信服。此外，即使人的两只胳臂似乎在必要时可以当两条腿用，但这只不过是能支持那些人的说法的一个孤立的论点，而其他相反的论点却有许多。主要的论点有：就人的头在躯干上的位置来看，如果人用四脚行走的话，他就会像其他动物那样，把目光直接投向地面，而不像他直立行走时那样使自己的视线与地面平行，因为这种姿势对用四足行走的动物来说是不利于保护它自己的。人没有尾巴；尾巴对两足行走的人没有用，而对四足行走的动物却很有用，所以没有哪种四足动物是没有尾巴的。女人的乳房，对把孩子抱在怀中用两足行走的人来说，其位置是非常好的，而对于四足动物来说，这样的位置就不适宜，所以没有哪种四足动物的乳房是像人的乳房那样长法的。如果让人用四足行走的话，则由于后躯比前躯高得多，势必用膝盖来爬行，结果，不仅使人成了一个身材不匀称的动物，而且行走起来也很不方便。如果人把手也像脚那样平放在地上，则他的后腿就比其他动物的后腿少一个关节（即连接胫骨和腿骨的那个关节）。如果人只用脚趾着地（他在必要时一定会这样做的），则他的跗骨不仅包含的小骨头太多，而且个儿也显得太大，所以不能与胫骨相配合，何况他那几个连接蹠骨和胫骨的关节又太接近，

以致使人的腿不能像四足动物的腿那样容易弯曲。有些人以儿童为例子，那是说明不了什么问题的，因为他们的年龄尚小，天然的体力还未发达充实，四肢也不够强壮；如果这样的事例也成立的话，我也可以说狗并不是上天让它那样行走的动物，因为它在出生之后那几个星期是只能爬行的。个别的事例不足以否定人类普遍的实践；即使用那些从不和他人接触、因而没有从那里学到什么东西的民族作例子，也是不能否定人类的普遍实践的。一个尚不能行走就被抛弃在森林中由某种动物养大的孩子，是会模仿那个养育他的动物的样子，像它那样用四足行走：他行走的方式，是习惯养成的，而不是天性使然；正如一个失去双臂的人经过训练之后便能用脚做用手做的事一样，那个孩子只不过是通过模仿，慢慢学会把手当脚用罢了。

〔四〕（正文第 52 页）如果在我的读者当中有某个自然科学家竟肤浅到对我提出的土地天然的肥沃程度表示怀疑，我就用下面这段文字来回答他。

“由于植物从空气和水中吸收的养分比从土壤中吸收的养分多得多，因此，在腐烂以后，它们还给土地的东西也比它们从土地中吸收的东西多；何况森林能阻挡水被蒸发，可留住大量的雨水，所以，在一个未遭砍伐的长期保留得很好的树林里，供植物生长的土壤必将大量积存，愈积愈厚；而动物则不然，它们还给土地的东西少于它们从土地中吸收的东西。人用大量的木柴和其他的草本植物生火或作其他用途，因此，在有人居住的地方，供植物生长的土层愈来愈薄，最后变成阿拉伯半岛中部岩石地带那样的荒漠之地；又如东方的那几个省份的土地也是这样：那里自古就有人居住，如今那里的土地都变成盐碱地和一片片沙漠，因为植物和动物的稳定的盐分留存下来，而其余的东西全都蒸发了。”（布丰，《博物学》）

这段文字讲述的情况，有大量的事实为证。例如前几个世纪发现的无人居住的荒岛，几乎各个都长满了各种各样的树木和花草；又如史书上所记载的大片大片的森林被砍伐，以便腾出土地供人居住和种植作物。此外，我还有以下三点补充：第一，如果有一种植物能够补偿被动物消耗的植物产品，根据布丰先生的论证，那就是树木了，因为树木的树冠和叶子比其他植物能聚集和吸收更多的水分和水蒸气；第二，随着土地的被开发和勤劳的居民将消耗更多的地上出产的各种产品，土壤的被破坏，也就是说植物生长所需要的物质的流失，将迅速增加；我的第三个也就是最重要的一个补充是：树木的果实给动物提供的养料，比其他植物多；这一点，我亲自做过实验，把两块面积和土质都相等的土地（一块种栗子树，另一块种小麦）的产品做过比较。

〔五〕（正文第 52 页）在四足动物中，肉食类动物有两个最普遍的特征：一个是牙齿的形状，另一个是肠子的结构。纯粹以植物为食的动物，例如马、牛、羊和兔子，它们的牙齿是平的；而肉食类动物的牙齿，例如猫、狗、狼和狐狸的牙齿，则是尖的。至于肠子，植食类动物有几种肠子，例如结肠，肉食类动物就没有。人类的牙齿与肠子和植食类动物是一样的，因此，人类自然应当归入这一类。这一点，不但在解剖学上得到了证实，而且在古代的典籍中也有支持这种看法的记载。圣热洛姆说：“狄西尔格在他的《希腊古代史》中说，在农神统治时代，土地本身的肥力十分充足，没有任何一个

人食肉，大家都吃自然生长的果子和蔬菜。”（《对若维尼安的驳难》卷二）*

从这段引文可以看出，还有许多我能利用的有利论据我都略而未提。人们须知，捕食猎物，几乎是肉食类动物之间唯一争斗的原因；而植食类动物之间，总是和平相处。如果人类属于后一类动物的话，很显然，他们在自然状态下，是可以找到许多很方便的生存办法的，而没有那么多必要和机会走出这种状态。

〔六〕（正文第 53 页）所有一切需要反复思考才能掌握的知识，所有一切只有把一系列概念融会贯通才能熟悉和逐渐完善的知识，对野蛮人来说，似乎都是难以理解的，推究其原因，是由于他和他的同类从无联系，也就是说，他还缺乏用来联系的工具，也没有必须彼此联系的必要，因此，他的知识和他的技巧，只限于跳跃、奔跑、打斗、投掷石头和爬树。不过，尽管他只知道这些事情，但他做起来比我们做得更好，因为我们不像他那样有做这些事情的需要；做这些事情是否熟练，完全取决于身体的锻炼，用不着和他人互相联系，也不可能因从一个人传给另一个人便有所改进，所以，在这类事情的技巧的熟练程度上，第一代人和最后一代人完全是一样的。

旅行家的游记里有许许多多描述野蛮民族的人的体力和勇气的事例，对他们的技巧的熟练和身子的灵活，无不大加赞赏，因为这种事情是一眼就可看出来的，所以对于这些目击者的叙述，是没有理由不相信的。我现在从我随手翻阅的一本书中摘引几个例子

* 这段话所讲的情况，得到了几位现代旅行家的证实。弗朗索瓦·科勒尔说：被西班牙人迁移到古巴、圣多明各和其他地方的巴哈马群岛的居民，大多数人都因食肉而死亡。（1782 年版注）

如下。

科尔本说:“霍屯督人比好望角的欧洲人更善于捕鱼。他们无论是用渔网还是用鱼钩或渔叉捕鱼,也不论是在海湾还是江河里捕鱼,都同样的灵巧;他们用手抓鱼的技巧并不比用渔具差。他们游水的技术,简直是无人可及,姿势的优美更是令人惊叹,而且做起来好像是吃家常便饭似的。他们在水中身子直立,双臂高举出水面,与在陆地上行走一般无二。在海水汹涌、排山倒海的波涛中,他们随着海浪一上一下,像一个软木浮子似的。”

这位作者还说:“霍屯督人打猎的技术之高超,令人叹为观止;奔跑的速度之快,更是超出人的想象。”令这位作者感到吃惊的是,霍屯督人很少用他们灵巧的技术去做坏事,虽然这种事情有时也会发生。举一个例子如下:“一个在好望角登岸的荷兰水手,让一个霍屯督人替他扛一捆约二十斤重的烟草随他一起进城去。当他们两人走到离人群相当远的地方时,那个霍屯督人问荷兰水手会不会跑。水手回答说:‘会!而且跑得很快。’于是,那个霍屯督人说:‘好吧,那就让咱们跑一跑。’说完之后,那个霍屯督人便扛着烟草转眼就跑得无影无踪。这个荷兰水手被他的奔跑速度之快吓呆了,根本就追不上,于是,只好让那捆烟草随着那个霍屯督人一去就不再回头。”

科尔本在书中还写道:“他们的视力是如此的敏锐,手的动作是如此的稳和准,以致欧洲人休想赶上他们。他们能用一块石子击中离一百步之远的一块只有半个铜钱那么大的目标;更令人惊异的是,他们不像我们这样要用两只眼睛死盯着目标,而是在一边走一边活动着身子的情况下击中的,好像那块石子是被一只看不

见的手送过去的。”

德特尔福甫对安第列斯群岛的野蛮人的描述，和前面讲的好望角的霍屯督人的情况差不多。他尤其夸赞他们用箭射空中的飞鸟，其准头之精确，真是精确到极点了；他们用箭射中水里的游鱼后，便马上泅水过去捉它们。北美洲的野蛮人的体力和技巧也不逊色；现在，举一个说明南美印第安人的例子如下：

1746 年，一个被判处到卡第克斯去服苦役的布宜诺斯艾利斯的印第安人向总督提出：他愿在一次公众庆典上，冒着生命的危险作一番表演，以此来赎回他的自由。他说他能赤手空拳，只用一根绳子去和最凶猛的公牛搏斗：他能把它打翻在地，按照人们所指定的部位给它系上绳子，放上鞍子，戴上笼头，并骑在它的背上，同另外两头从牛栏里放出的最凶猛的公牛搏斗，无需他人的帮助，在人们规定的时间内将它们击毙。他的要求得到了允许。那个印第安人果然说到做到，成功地全部履行了他的诺言。关于他搏斗的方法和搏斗的详情，请参见戈梯埃先生《关于博物学的几点思考》十二开本，第一卷；此处的这段文字，就摘自该书第 262 页。

〔七〕（正文第 55 页）毕丰先生说：“马的寿命，和其他动物一样，是与它们发育成熟的年龄成正比的。人发育成熟的年龄是 14 岁；人的寿数是这个数字的六至七倍，这就是说人可以活 90 岁到 100 岁。马发育成熟的年龄是 4 岁，它的寿数也是这个数字的六至七倍，因此，马可以活 25 岁到 30 岁。不符合这条规律的例子是那么少，所以不能把它看作是可以从中得出什么结论的例外。体形粗大的马发育成熟的时间比体形细小的马的时间短，因此它们活的时间也短，活到 15 岁就已经老了。”

〔八〕(正文第55页)我发现,在肉食类动物和植食类动物之间还有一个差别比我在注释〔五〕中所说的差别更为普遍,因为它普遍到了鸟类。这个差别是下崽的数目:完全以植物为食的动物每胎从来不超过两个幼崽,而肉食类动物下的崽往往超过这个数字。其中的原因,从大自然规定的雌性动物的乳头数就可以看出来。前一类动物,例如母马、母牛、母山羊、母鹿和母绵羊等等,只有两个乳头;而后一类动物,例如母狗、母猫、母狼和母老虎等等,往往有六或八个乳头。母鸡、母鹅和母鸭都属于食肉的鸟类,它们和鹰、鹞和枭一样,每一窝下的和孵的蛋都很多;而鸽子、斑鸠和其他完全以谷物为食的鸟类则没有这个现象;它们每次至多只产和孵两个蛋。至于产生这个差别的原因,看来很可能是由于完全以草和其他植物为食的动物几乎终日都要在草地和林中觅食,必须花许多时间才能把肚子吃饱,因此,它们不可能一下子就养好几个幼崽;而肉食类动物几乎一会儿功夫几口肉食下肚就可吃饱,然后从从容容地去照管它们的幼崽或者去捕猎,使被幼崽吃掉的大量的奶水得到补充。在这一点上,还有许多特殊的情况值得我们观察和思考,不过,这里不是谈这些问题的地方。在这里,我只需把大自然中最普遍的系统中的这一部分现象略加陈述就够了;这个现象给我们提供了一个新的理由,使我们可以把人类从肉食类动物中划分出来,归入植食类动物。

〔九〕(正文第61页)有一位著名的著述家[①]曾经把人生的欢

① 指数学家莫泊杜伊(1698—1795)和他的《论道德哲学》。此书第二章的标题是《在一般人的生活中,苦多于乐》。——译者

乐与忧患的数目做过统计和比较，结果发现，后者大大超过了前者，因此，总起来看，人的生命是上天给予人类的一个相当坏的礼物。我对他的结论并不感到吃惊：他的论点是从对文明人的体质的观察中得出来的。但是，如果他追溯到原始人的话，我们可以断定，他的看法将完全不同。他将发现，人类的苦难都是自己造成的；大自然对我们并无过错。其实，我们之终于落到如此不幸的地步，并不是没有经过一番痛苦的经历的。诚然，我们一方面看到了人类巨大的成就：完成了许多深入的科学研究，发明了无数的技艺，找到了那么多可供我们使用的自然力量；山谷中的高山被削平，岩石被击碎；江河通航了，土地被开垦了，湖泊挖掘成功了，沼泽地被弄干了；地上建起了高楼大厦，海上到处是来来往往的船舶和水手；然而另一方面，只要我们稍稍思考一下这一切究竟给人类的幸福带来多少真正的好处，我们就不能不吃惊地发现这些事情的得失是多么的不平衡；不能不惊叹人类的盲目：为了满足妄自尊大的骄傲心和毫无根据的自我赞赏，竟如此热衷地去追求他必将遭遇的苦难；而这些苦难，造福人类的大自然是花了多少心血想使人类远远躲开啊。

现今的人都变坏了；这一点，已经有过去痛苦的经验为证，用不着再多赘述。但人天生是善良的，我相信我已经在前面把这个问题阐述清楚了。是什么原因使人堕落到如此地步的？不是他的体质的变化、他取得的进步和他获得的知识造成的，又是什么原因造成的呢？不论人们是多么地夸赞人类社会，但这一点是真实的：它将使人们随着他们利害关系的增多而互相憎恨，表面上是互相帮助，但暗中却彼此拆台，使对方遭到难以想象的损害。在人与人

的交往中，每个人心中所遵循的原则和公众的理智对社会提倡的原则是直接违背的，而且往往损他人而利自己；对于这样的交往，人们做何感想？没有哪一个富人的财产继承人（都是他亲生的儿女）不暗中巴不得他早一天死去；没有哪一条航行在海上的船的沉没，对某个大商人来说不是喜讯；一个人的房子一着火，他的债务人就盼望整个房子连同一切借据全都烧个精光；一个国家遭了难，它的邻国的人民便幸灾乐祸，拍手称快。事情是这么奇怪：我们就是要从我们的同胞遭受的损害中才能捞到好处；一个人破了产，另一个人才能发财。不过，还有更危险的事情是，有许多人竟巴不得国家发生灾难：有些人希望瘟疫流行，有些人希望死亡的人越多越好，有些人希望爆发战争，有些人希望闹饥荒。我曾看到有些人一见丰年收成好反而哭得死去活来；还有，使许许多多人丧生、财产损失殆尽的那场伦敦大火[①]，反倒成了一万多人发财的好机会。我知道蒙台涅批评雅典人德马迪斯曾惩罚过一个因高价出售棺材而大发死人财的工匠[②]；不过，蒙台涅批评的理由是，不应当只惩罚那个工匠，而应当惩罚所有的人。很显然，他的看法和我的看法是一样的。我们通过人们虚伪的善意的表现，就可观察到人的内心深处的活动，就可想象得到：如果所有的人都不得不表面上互相敷衍，而暗中却互相伤害，社会将成为什么样子；如果人们因尽义务而互成仇敌，因利益冲突而彼此欺凌，社会将成为什么样子。如果有人回答我说：社会就是这样组成的，每个人都可从为他人服务

---

① 指1666年发生的那场伦敦大火。——译者

② 事见蒙台涅，《论文集》，卷1，第21章《一个人的所得，就是另一个人的所失》。——译者

中受益;我将回答他说:如果不因获益而损害他人,那就更好了。没有任何一种合法利益是超过非法利益的;损害邻人总是比为邻人服务更有利可图。问题的关键是,如何才能找到不受惩罚的办法:在这一点上,强者的办法是利用他们的权势,而弱者的办法是使用诡计。

野蛮人一吃饱了肚子,就和大自然相安无事,对他的同类也十分友好。如果他们有时候为了争夺食物,情况又将如何呢?他们绝不会在没有把战胜对方的难度和到他处觅食的难度加以衡量之前就动手打起来的。由于这种打斗不是什么一定要比个高低的问题,所以,即使打起来,也只不过动几下手就结束了。打赢了的人就吃,打败了的人就到他处另想办法:一切又都归于平静;但是,对文明社会中的人来说,情况就大不一样了:首先这是必须把生活必需品拿到手的问题,其次是越多占有越好的问题,然后是享乐问题、积聚巨大的财富问题和拥有更多的臣民及奴隶问题:为了这一切,没有一时一刻的消停。尤其奇怪的是:愈不是自然的和紧迫的需要,想得到的心反而愈急;更糟糕的是,为满足这种需要而使用的暴力也越大,因此,在长期的兴盛之后,在占有了大量财富和使许多人遭殃之后,我们的英雄终于征服一切,成为宇宙中唯一的主人。人类的道德状况的缩影,就是如此,虽然不是人类生活的缩影,但至少是所有的文明人内心暗藏的企图的缩影。

如果你不抱偏见,把文明人的状态和野蛮人的状态加以比较;如果你能够的话,仔细研究一下文明人除了他的邪恶、他的需要和他的苦难以外,还打开了多少通向痛苦和死亡的大门;如果你留心观察一下使我们心力交瘁的精神上的痛苦和把我们弄得筋疲力

尽、忧伤不已的强烈的欲望；观察一下穷人从事的过分繁重的工作和富人尽情享受的有害的养尊处优的生活；统计一下有多少人因衣食无着而死，有多少人因享用过多而亡；如果你想象一下食物是那么乱七八糟的混杂，调味的方法是那样的有害；如果你能发现食品的腐烂变质、药品的掺假造假、药商的欺骗、医生处方的错误以及配制药品所用的器皿的毒害[①]；如果你注意到了大量聚集的人群因空气污浊而引起的传染病、因生活方式过分考究而造成的疾病、室内室外温度的悬殊、衣服增减的不当；如果你发现了因过度贪图感官享受而养成的不良习惯将因稍不满足或无法满足而损害健康甚至导致死亡；如果你能计算一下因火灾和地震使多少城市成为废墟、使多少居民丧失生命：总而言之一句话，如果你能把所有这一切原因继续不断地聚集在我们头上的种种危险都集中起来观察，你将发现大自然使我们因忽视它对我们的教导而付出了多么大的代价。

在这里，我不再重复我在其他地方所讲的关于战争的看法，但是，我希望那些了解这方面情况的人愿意或者说敢于站出来揭露承包军中给养和医院供应的商人的可怕的恶行；人们将看到他们的暗中作弊，使许许多多精锐的部队顷刻瓦解，使士兵死亡的人数比被敌人炮火打死的人数还多。另外，你把每年在海洋上或者被饿死，或者因患败血病而病死，或者被海盗杀死，被火烧死或者遭海难溺死的人数作个统计，这个数字也是很惊人的。很显然，一切

① 1753 年 6 月，《法兰西信使报》曾刊登卢梭的一封读者来信：《关于使用铜制容器的危害》（见《卢梭通信全集》，卷 2，第 47 页）。看来，卢梭早已注意到铜和某些物质接触会产生化学作用，产生某些不利人体健康的因素。——译者

谋杀、投毒、拦路抢劫，甚至对这些罪行施加的惩罚的本身，都是因财产私有制的建立而引起的，因此也是社会造成的。此外，为了阻止人的生育和欺骗大自然，人们采用了多少可耻的办法？人们的办法很多：有的采用粗野下流的侮辱大自然最美好的作品的性行为方式，这些方式是野蛮人和动物都不曾有过的，是文明社会里的人胡思乱想想出来的；有的悄悄堕胎（这是淫乱的必然结果和为了保全名声而采用的卑鄙手段）；有的将婴儿遗弃或溺死：许许多多婴儿都成了他们父母的穷困的牺牲品，或者成了他们母亲狠毒的羞耻心的牺牲品；有的对可怜的人实行阉割，使他们身体的一部分和他们的后半生都为了毫无意义的歌唱[①]而惨遭牺牲，更糟糕的是，成了某些人的残忍的嫉妒心的牺牲品：在这种情况下，无论是从被阉割者的遭遇来看，还是从他们被使用的目的来看，都是对大自然的双重侮辱*

① 从前，教会的唱诗班往往选用幼童，将他们去势，使之永远保持柔和的嗓音，专门咏唱宗教诗歌。——译者

* 利用父权公开违反人道的危险事例，不是经常发生、有成百上千件吗？由于父亲的粗暴压制，有多少孩子的才能被糟蹋、天性被扭曲啊！有多少本可以在一个适宜的环境中成为干才的人，却在他们不喜欢的环境中悲惨而屈辱地度过一生！有多少幸福的婚姻只因双方的社会地位悬殊而被拆散或受到干扰！在那种与自然的秩序相违背的社会条件下，有多少贞淑的妇女受到侮辱！有多少因利害关系而结合的错误的婚姻，到头来被真正的爱情和理智所否定！有多少诚实的和有道德的男人和女人，只因择偶不当而备受折磨啊！有多少因父母的贪婪而受害的女孩子，不是沉溺于浪荡的生活，便是落到终日以泪洗面的处境，呻吟在摆不脱的婚姻关系中，因为她们的婚姻完全是金钱造成，而不是出自她们的本心。如果她们在未被粗野的暴力迫使她们犯罪或陷于绝望以前，能勇敢而果断地了此一生，也许对她们来说反倒是幸事。可怜的父亲们和母亲们，请原谅我这样说，引起了你们的伤心；不过，但愿你们的悲伤之情能作为永久的和可怕的事例，让那些敢以大自然的名义破坏它最神圣的法度的人引以为戒*。

尽管我在这里讲的完全是由我们的制度造成的不幸的结合，但是不是因此就可以如果我再花些笔墨，论证人类从他的起源直到最神圣的婚姻关系中，都一直在受到侵害，我们将做何感想呢？当我们发现：在最神圣的关系中，人们已不再听大自然的声音而只问财产的状况如何；文明社会的混乱已经把美德和罪恶搞得混淆不清；节制欲望被看作是有害的谨小慎微；拒绝生育被认为是人道的行为。当我们发现这一切的时候，我们将怎么办呢？我的看法是，不必撕破那张遮掩着可憎可怕之事的帷幕，我们只需指出弊病何在，让别人送来良药就够了。

此外，还有许许多多能使人短寿或在体质上发生变化的工种威胁着人们的健康，例如在矿山工作，在金属加工厂工作，在冶炼厂工作，尤其是从事以铅、铜、水银、砷和鸡冠石为原材料的工作。还有一些职业每天都在使大量的工人死于非命，例如屋顶工、木工、瓦工和采石工。我希望人们把这方面的事收集起来，让人们了解在人类社会的建立和完善过程中人口减少的原因；对人口减少的现象，已经有许多哲学家在给予关注了。

奢侈之风，在那些贪图享受和希望得到他人艳羡的人当中，是无法防止的；由社会开始的弊病，经奢侈之风一吹，愈来愈严重。在用富人的奢侈来养活穷人的借口下，不但未养活穷人，而且早晚将使一些人愈益贫困，国家的人口愈益减少。

奢侈是一种比它自己吹嘘能治好的病更为有害的药，或者说得更确切一点，它本身就是一切祸害之中最大的祸害。一个国家

认为由爱情和同情心所主导的婚姻没有缺点呢？(1782年版注)

* 请参见卢梭，《新爱洛伊丝》，卷3，书信21和22关于自杀问题的论述。——译者

不论大小，只要它有一帮它自己造成的奴仆和穷人要由它供养，它就要加重劳动人民的负担，使他们陷于破产的境地：好比南方的热风，它在使草地和绿地到处蝗虫成群的同时，也夺去了对人类有用的动物赖以生存的食物；凡是热风所经之地，必成荒年和凶年。

自从有了社会，有了社会造成的奢侈之风，便产生了自由艺术和机械技术、商业、文学和一切使工艺繁荣、使国家虽富庶但一天天走向衰亡的种种无用之物。导致衰亡的原因是很简单的。人们不难看出，农业本身的性质决定了它在各行各业中是获利最少的行业。由于农产品是人人必不可少的东西，所以它的价格应当适应最穷苦的人的购买力。根据这个原理，我们可以得出这样一个法则：在一般情况下，技艺获利的多少是与它们的用途的大小成反比例的；最为人们需要的技艺，反而最受到人们的忽视。由这一点入手，我们就可以推知我们对工艺真正的效用和从它的进步中所产生的实际效果应当抱有怎样的看法了。

富裕反而使最受人羡慕的国家遭受那么多苦难，这其中的真正原因就是如此。随着工艺和艺术的发达和繁荣，从事农耕的人们不仅遭到轻视，而且还要承担为维持富人的奢侈而缴纳的捐税；他们过着终日劳苦而不得一饱的生活，于是，只好抛弃他们的土地，到本应由他们负担的城市谋生。首府和通都大邑愈是被一般愚民欣羡，人们愈是不寒而栗地看到：农村的土地被撂荒，地里杂草丛生，哀鸿遍野，公民变成了乞丐或盗匪，终有一天不是被绞死，便是被冻死，才能结束他们穷困的一生。国家就是这样一方面富起来了，另一方面却走向衰弱，人口日益减少；最强大的帝国为了富裕而兴办的许多大工程，最终都被闲置：富国变成了虎视眈眈的

穷国的猎获物；穷国入侵富国，于是富起来了，接着又一天天衰落，最后轮到自己被另一个国家入侵和灭亡。

希望有人给我们解释一下：在欧洲、亚洲和非洲横行了几百年的野蛮人，怎么会铺天盖地向我们一拨又一拨冲来？是因为他们的工艺发达、法律贤明和政策得当，他们才有那么多人吗？但愿我们的学者们给我们讲一讲：这些没有文化、没有法度、没有受过教育的野蛮人，为什么不互相争夺牧场或猎场而彼此残杀，死个精光，反而生生不息，人口增长到那种程度呢？希望学者们给我们讲一讲：这些不守规矩的乌合之众，怎么反而敢藐视我们这样灵巧而且有美好的制度和法纪的人？最后，在北欧各国的社会完善以后，在他们花了那么多力气教育人们如何互尽义务和如何和平友好地在一起生活以后，为什么他们就再也没有像从前那样有大量繁衍的人口呢？我很担心学者们会这样回答我：所有这些伟大的事物，即艺术、科学和法律，都是人类精心发明的，是防止人口过多繁殖的一种有益的约束，以免我们居住的这个世界变得太小，不能容纳它的居民。

什么？必须毁灭社会，取消“你的”和“我的”的区别，再返回森林去和熊一起生活吗？——这是按照我的论敌的推理方法必然得出的结论。对于这样的结论，我既要提防，同时也由他们去说，让他们因得出这样的结论而感到羞愧。至于你们啊，虽然你们还没有听到过上天的声音，但是，既然你们承认人类的生存除了平安度过这短暂的一生之外还有其他的目的，那么，你们就完全可以把你们所有的有害的财物、不安的心情、被腐蚀了的心灵和疯狂的欲念通通舍弃在城市里；只要你们自己做自己的主人，你们就可以恢复

你们古朴的和原始的天真，到森林中去永远不再看见并彻底忘记你们同时代的人所犯的罪行，而且，即使你们因为抛弃了人类的邪恶便抛弃了人类的知识，你们也不必担心这样做会贬低人类的价值。至于那些与我相似的，而且其欲望已经毁灭了原来的纯朴天性，不再以草和橡栗弃饥，既不能没有法律，也不能没有首领的人们；那些以自己的远祖曾受过超自然的训诫为荣的人们；那些将在赋予人类行为以一种早已有之的道德性的意图中发现为什么必须提出那个本身虽不甚重要但用任何其他学说都无法解释的告诫[①]的理由的人们；一言以蔽之，所有那些深信上帝的声音是在号召整个人类向往天使的智慧和幸福的人们，都应当在学习认识美德的过程中努力实践美德，使自己配享那期待已久的永恒的奖赏；他们作为社会的成员，应当尊重社会的神圣的关系，爱他们的同类，并全力为同类服务；他们应当衷心服从法律，服从制定法律和执行法律的人；他们尤其要敬重贤明的和睿智的君王，因为他们能防止、医治和减轻时时压在我们身上的那一系列流弊和祸端；他们应当鼓励称职的首领们的热情，不卑不亢地向他们指出他们的任务的伟大性和职责的严重性；但是，他们切不可轻视那种只有依靠许多难以寻觅的可敬的人的齐心协力才能实行的宪法，因为，无论他们怎么小心，从宪法中产生的实际的祸害比它产生的表面的利益多

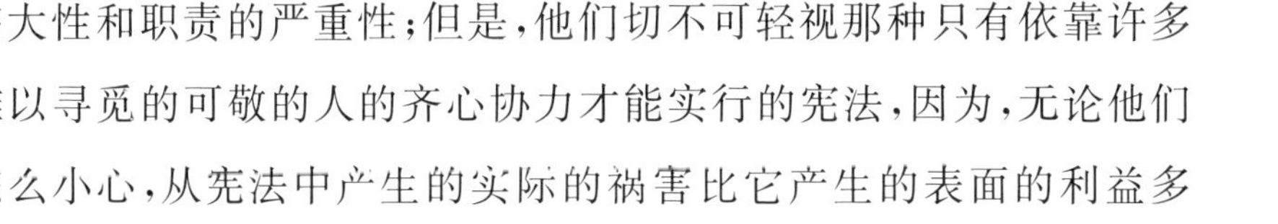

① 卢梭在这里所说的那个“告诫”，是禁止吃“分别善恶树上的果子”，(《圣经·创世记》，第 2 章，第 17 节)正是从这个禁条中，“人类的行为”才有了“早已有之的道德性”，并通过赎罪，人类才又获得了生命树：“得胜的，我必将上帝园中生命树的果子赐给他吃。”(《圣经·新约全书·启示录》，第 2 章，第 7 节)；“不再有黑夜，他们也不用灯光日光，因为主上帝要光照他们。”(《启示录》，第 22 章，第 5 节)——译者

得多。

〔十〕(正文第 61 页)在我们自己发现的和从史学家及旅行家的著作中读到的各种人种中,有的肤色黑,有的肤色白,有的肤色红;有的一头长发,有的一头卷发;有的全身都长细毛,有的连胡子都没有;过去曾经有过、也许今天还有一些民族的人身材特别高大;且不说有些人过分夸张的俾格米人①的身材,我们的确知道拉波民人,尤其是格陵兰人的身材远远不到一般人的中等身材;甚至有人说,有些民族中的人个个都长四足兽那样的尾巴。此外,我们虽不盲信希罗多德和提西亚斯书中的记述,但我们至少可以从中得出这样一个非常接近于真实情况的结论:如果我们仔细地观察古代的各个民族,我们将发现,他们当初的生活方式的差异,远比今天的差异大,因此,他们在身体形状和习惯上更是千差万别,各个不同。对于这些有许多无可辩驳的证据为证的事实,只有那些习惯于看他们身边事物的人才感到吃惊,因为他们不知道水土、气候、食物、生活方式和一般的习惯,尤其是这些因素继续不断地对子孙后代的巨大影响力。今天,通商贸易、旅游和军事占领已经使不同的民族日益混合;由于不断的互相交往,他们的生活方式也彼此更加接近。人们发现,民族之间的差别已一天比一天减少了;例如,每个人都可看出,今天的法国人已不再是拉丁史学家所描述的白皮肤、金黄色头发和身材高大的法国人了,尽管由于时间的推移和法兰克人与诺尔曼人(这两种人都是白皮肤和金黄色头发)的互

① 俾格米人:分布在中非、大洋洲及东南亚诸岛屿,据说,这种人的身材特别矮小,形同侏儒。——译者

相混合应当把以前因罗马人的频频往来而被减弱的气候对居民体质和肤色的影响重新恢复过来。所有这些关于因千百种原因可能使或者已经使人类产生的差异的论述，一再使我怀疑被旅行家们看作是野兽的那些类人动物说不定就是真正的野蛮人——旅行家们不仔细观察，或者因看见这些动物外形上的某些区别，或者只是因为它们不会说话，便把他们看作是兽类了。它们自古就散居在森林中，没有机会发展它们潜在的能力，没有获得任何程度的完善，因此依然处于原始的自然状态。举一个例子来说明我想陈述的意思。

《旅途见闻》一书的译者说："人们在刚果王国发现许多大型动物；它们在东印度被称为猩猩，被看作是一种介于人类和狒狒之间的动物。巴特尔说，人们在洛安哥王国的马永巴森林中发现两种怪兽，其中大的一种叫作朋戈，另一种叫作昂约科。前一种的样子几乎和人是一模一样，只不过比人高大得多；它们长着一副和人相似的面孔，眼窝深陷；它们的手、腮和耳部没有毛，但眉毛甚长。尽管它们身体其余部分的毛相当多，但并不厚密，颜色为褐色。它们与人唯一不同的地方是：它们的腿没有腿肚子。它们直立行走，用手抓住脖子上的毛。它们在林中歇息，在树上睡觉，在树上做一个屋顶似的东西来避雨。它们的食物是水果和野坚果，从来不吃肉。穿过森林的黑人在夜里总要生一团火；他们发现：在他们早晨离开之后，朋戈就去围坐在他们所生的火的周围，直到火熄灭以后才走开，因为，尽管它们很灵巧，但智力还没有发达到知道给火添加柴薪，使它继续燃烧。

"它们有时结队而行，打死经过林中的黑人；它们甚至敢袭击

到它们居住之地吃草的大象，用拳头或木棒使劲地打，打得大象嗷嗷直叫地逃走。人们从来没有活捉到过一只朋戈，因为它是如此之强壮，以致用十个人也捉不到它；但是，黑人在打死母朋戈之后，能够捉住紧紧依偎在母亲身边的小朋戈。在一只朋戈死去之后，其他的朋戈便用树枝和树叶遮盖住它的身体。布尔沙斯说，他在和巴特尔的一次谈话中得知：有一只朋戈从他身边掳去了一个小黑人，那个小黑人竟在朋戈群中生活了一个月，因为它们从来不伤害它们所虏获的人；据那个小黑人说，只要人不用两只眼睛直视朋戈，朋戈就不伤害他。对于昂约科，巴特尔没有作什么叙述。

“达佩尔说，这种动物，在刚果王国有很多很多；它们在印度被称为猩猩，意为‘林中的居民’；非洲人称它们为科亚一莫洛。这种动物是如此之像人，以致有些旅行家竟认为它是一个女人和一只猴子交配而生的；这种毫无根据的想当然的说法，连黑人也是不相信的。有人从刚果运了一只猩猩到荷兰，献给奥兰治·菲德列·昂利亲王。这只猩猩有一个三岁孩子那么高，腰围中等，但体形敦实，动作十分灵活，它的腿很粗壮，前胸光秃秃，但背上长满了黑毛。乍眼一看，它的脸像人的脸，但鼻子扁平，鼻尖向上翘起；它的耳朵和人的耳朵是一样的。它的乳房（这是一只母朋戈）圆鼓鼓的，肚脐深陷；耸肩膀，手指也分拇指和几根指头；它的小腿和脚后跟粗壮多肉；它常直立行走，能举起或扛起相当重的东西。它饮水时，用一只手拿起壶盖，另一只手托着壶底，饮完后，用优美的姿势抹一抹嘴唇。它躺着身子睡觉，头枕着一个枕头；它是那么仔细地用些东西盖着身子，以致乍一看，还好像是一个人睡在床上似的。关于这种动物，黑人有许多奇怪的传说，说它们不仅追赶妇女，甚

至还敢攻击手执武器的男人。总而言之，从外形上看，它们很像古人所说的半人半羊形的林中之神。梅诺拉说，黑人有时候猎获的男的和女的野人，大概就是这种动物。”

在这部《旅途见闻》第3卷中又谈到了这种人形动物，称它们为倍戈或山魈。细读前面所引的记载，我们发现，在对这种所谓的怪兽的描写中，它们与人类相似之处是非常突出的，而与人类相异之处却比人与人之间的差别还小。在前面那几段文字里，我们没有发现作者是根据什么理由拒不把这种动物称为野蛮人。不过，我们可以这样推测：他们的理由也许是因为这种动物很愚蠢，或者是因为它们不会说话。这两个理由，在熟知语言的来源的人看来，是站不住脚的，因为，虽说语言器官是人天生就有的，但语言本身却不是自然产生的，而且，要完善到一定程度之后文明人才能走出他的原始状态。仅从前面所引的几段文字的描写就可看出，人们对这种动物的观察是多么的不仔细，对它们的看法是多么地带有偏见。举几个例子：他们一方面称它们为怪兽，另一方面又说它们能生育后代；在有一个地方，巴特尔说朋戈打死穿行森林的黑人；在另一个地方，布尔沙斯又说它们不伤害黑人，即使黑人被它们捉住，只要他不用两只眼睛盯住它们看，它们就不伤害他。拿黑人在森林中生的火来说，在黑人走了以后，朋戈就去围坐在那堆火的周围，在火熄灭以后就走开。这是事实，然而观察家们则说这是“因为尽管它们很灵巧，但智力还没有发达到知道给火添加柴薪，使它继续燃烧。”[①]我不明白的是，巴特尔或他的著作的编纂者布尔沙斯何以知道朋戈之离开那堆熄灭了的火是由于它们的头脑愚蠢，

① 着重号是原有的。——译者

而不是出于它们的自愿。在洛安哥那么酷热的地方,火对动物来说,并不是十分需要的;而黑人之所以生火,不是为了御寒,而是为了吓猛兽,因此,问题很简单,烤一阵火以后或者在身子十分暖和以后,朋戈就不愿意待在那里,而要到草地去觅食,因为吃草花的时间比吃肉花的时间多。此外,人们都知道,大多数动物(连人也不例外)天生就是很懒惰的,除了绝对的需要以外,它们是什么事也不干的。的确,似乎非常奇怪的是:被人们夸赞为很灵巧和很有力气的朋戈,尽管知道掩埋死去的同伴并能用树枝搭建顶棚,却不知道给火添加柴薪,我记得曾经看见过一只猴子做过人们认为朋戈不能做的给火添柴的事。不过,那时候我没有怎么思考这件事,因此,我也犯了我责备旅行家们所犯的错误,我没有研究那只猴子给火添柴是因为它想使火继续燃烧,还是像我认为的是简单地模仿人的动作。不管怎么说,非常明显的是:猴子不是人类的变种,这不仅是因为它们没有说话的能力,尤其是因为它们没有作为人类特点的自我完善的能力。对朋戈和猩猩所做的实验,看来还不足以得出与此相同的结论。不过,如果猩猩或其他动物是属于人这一类动物的话,总是可以找到办法让最粗心的观察家也能用实验来加以证明的。不过,除了只用一代猩猩来做实验还不够以外,这种实验还难以进行,因为在进行这种实验以前,必须先论证原本是假设的事实是真的,这个实验才能被看作是无可挑剔的。

轻率的结论,不是明智的理性的产物,往往过分地夸大其词。我们的旅行家把他们叫作朋戈、山魈和猩猩的动物不加区别地一律看作野兽,然而同是这些动物,古人则说它们是林神、农神和牧神,把它们看作神;也许经过仔细研究之后,人们很可能发现它们是人[*]。我认为，在这些问题上，我们既要仔细阅读商人巴特尔、达佩尔、布尔沙斯和其他编纂家的著作，同样，我们也应当仔细阅读梅诺拉的书，因为他既是一个教士，又是一个文学家和目击者，而且行文质朴，不失为一个有才情的人。

我在前面提到的那个在1694年发现的小孩，既无任何理智的表征，又用双手和双脚爬行，而且不会说话，发出的声音一点也不像人的声音。对于这样一个小孩，请人们听听我们的观察家是怎样描述的。那个向我讲述这件事情的哲学家说："在他稍稍能张口说话以前，他发出的声音一直是很粗野的。而在能说话以后，人们问他过去的情况，他却一点也想不起来，同我们一点也想不起来在摇篮时候的情况是一样的。"要是这个孩子不幸落在我们旅行家的手里，他们见他是那样的沉默和愚昧，是一定会把他送回森林或者关在动物园里，然后添枝加叶地描写一番，说他是一个非常像人的动物。

在最近这三四百年里，欧洲人走遍了世界各地，不断印行旅游纪事之类的书。不过，我认为，说来说去，我们也只了解欧洲人，而且对欧洲人的了解还掺杂了许多可笑的偏见。这种偏见，至今还存在，甚至在文人学士中间也有。他们每个人都吹嘘说是在研究人类，但实际上，他们研究的仅仅是他们本国的人。他们白来来往往，瞎跑一气：看来，哲学是不旅行的，一个民族的哲学并不适合于另一个民族；这当中的原因是很明显的，至少对于遥远的地方是这样的，因为，除了海员、商人、军人和传教士这四种人以外，其他做长途旅行的人是不多的。何况在这四种人当中，前三种人是不大

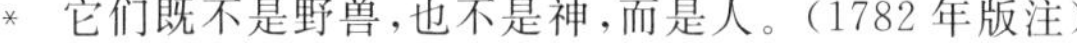

* 它们既不是野兽，也不是神，而是人。（1782年版注）

可能成为细心的观察家的;而第四种人,由于他们忙于上帝让他们履行的崇高职责,因此,即使他们不像别人那样因身份关系而抱有偏见,但我们可以断定,他们是不会纯粹出于好奇之心而去研究的。因为这样做,会分散他们的心,不利于他们进行更重要的传教工作。另外,在有效地传播福音方面,需要的只是热诚,其余的东西就要靠上帝的赐予;而为了研究人,就需要具有才能,但上帝并未答应让每个人都具有才能,就连圣徒也未必各个都有。随便翻开任何一本游记之类的书,我们发现,书里除了风俗习惯的描写以外,便无别的;更令人吃惊的是,这些作者花了那么多笔墨描写的东西,全是尽人皆知的事情;他们对于遥远的地方的描写,是无须走出他们所住的街道就可见到的事情;而那些使各个民族有所差异的真正特征,明明摆在眼前,他们却几乎视而未见,一点描写也没有。其实,这种情形的产生,是有来历的;它来自那帮书呆子气十足的哲学家常挂在嘴边的这样一个怪论:"天下的人都一样,都有七情六欲和诸般恶行,因此,没有必要去研究不同民族的特征。"这个怪论,同这种说法是差不多的:张三和李四都有鼻子、嘴巴和眼睛,所以看不出他们之间有什么区别。[①]

① 卢梭在他的《爱弥儿》卷5中有一篇可以单独成书的文字题名《游历》。这个《游历》完全是借题发挥:它根本不谈什么"游山玩水";它实际上是他的《社会契约论》的"节略本"。他不用我们今天常说的"旅游"而用"游历"二字作标题:这一字之差,表明两者在概念上有所不同,因而两者的目的也不一样。他认为,出外游历,是"为了进行研究",是为了去考察各国的风土人情和政治的良窳。他说:"为了观赏一个国家的山川而去游历,和为了研究一个国家的人民而去游历,其间是大有分别的。好奇的人总是抱着前一个目的去游历的,他们在游历中只是附带看一下一个国家的人民。对研究哲理的人来说,则应该同他们相反,主要是研究人民,而附带看山川。"(卢梭,《爱弥儿》,李平沤译,商务印书馆1978年版,下卷,第698页)——译者

从前的幸福时代，难道我们就再也看不到它重新出现吗？那时候，人民是从来不搞什么哲学研究的；像柏拉图、塞利斯和毕达哥拉斯这样渴望求知的人纯粹是为了研究而远游异国他乡的：他们到遥远的地方去摆脱民族偏见的束缚，从各国人民的相同之处和相异之处去研究他们，因而获得种种既不是哪一个时代也不是哪一个国家才有的普遍知识；它们是任何时代和任何地方都适用的，是智者们共有的学问。

人们赞赏某些好奇者的壮举；他们或者是自己或者是花钱请别人带着一些学者和画家到东方去旅行，去画那里古旧的房屋，去破解或抄录那里的碑文。然而，我不明白的是，在一个自吹是知识丰富的时代，怎么就没有哪两个兴趣一致的人，两个富人（一个富有金钱，另一个富有天才），两个喜欢荣誉和名垂后世的人，一个花两万金币，另一个花十年时间，去周游世界，不是去研究什么奇石和奇花异草，而是专门去研究人；在他人把许多个世纪的时间用来测量和观察房屋以后，他们终于下决心去研究各地的居民。

那些曾经跑遍欧洲北部和美洲南部的科学院院士，是以数学家而不是以哲学家的身份去访问的；然而，由于他们既是数学家又是哲学家，所以对他们来说，拉·孔达明和莫泊杜伊等人早已去过而且作过详细报道的地方，就不能被看作是不为人知的地方。曾经像柏拉图那样游历过的珠宝商沙尔丹，已经对波斯有了极其详细的描述；中国好像是受到过耶稣会传教士的仔细研究的；肯普弗尔在日本的见闻虽然不多，但也作过相当详细的叙述。除了这些游记以外，我们对东印度的人民是一点也不了解的，因为到那里去的，全是欧洲人；他们去的目的是为了发财，而不是增长知识。整

个非洲和它那些性格和肤色都非常奇怪的众多居民，还有待人们去研究；在地球上，还有好些民族我们仅仅知道他们叫什么名称，我们就公然说什么我们已经了解了全人类！假定有那么一个孟德斯鸠、一个布丰、一个狄德罗、一个杜克洛、一个达朗贝尔、一个孔狄亚克或另外一些有同样素养的人，为了教育他们的同胞而去周游世界，按他们各自的方式观察和描写土耳其、埃及、巴巴利地区[①]、摩洛哥帝国、几内亚、加弗赫诸国[②]、非洲腹地和非洲东海岸、马拉巴、蒙兀儿、恒河两岸、暹罗王国、贝古王国和阿瓦王国、中国、鞑靼尤其是日本，然后是另一个半球的墨西哥、秘鲁、智利、麦哲伦海峡沿岸（别忘了那里有或真或假的巴塔哥尼亚人[③]）、图库曼，如果可能的话，再研究一下巴拉圭和巴西，最后去加勒比海诸岛屿、佛罗里达和所有一切野蛮人居住的地区：这是游历之中最重要的游历，而且是需要非常细心进行的游历；假定这些新的海格立斯[④]从他们难以忘怀的长途旅行归来之后，能气定心闲地从容执笔，把他们旅途的所见所闻撰写成一部道德的和政治的博物志，我们就可以看到一个崭新的世界从他们的笔下涌现出来，并使我们学习如何认识我们自己的世界；我认为，当这样的观察家断定某种动物是人，某种动物是兽的时候，我们是可以相信他们的断定的。但是，对于那些粗枝大叶、走马观花的观察家的论断，如果我们也照

① 巴巴利地区：指非洲北部、埃及以西的野蛮人居住的地区。——译者

② 加弗赫诸国：指非洲赤道南边非穆斯林地区的国家。——译者

③ 巴塔哥尼亚人：居住在阿根廷南部巴塔哥尼亚高原地区，据说，他们的身材特别高大。——译者

④ 海格立斯：古希腊神话故事中的力大无穷的勇士。——译者

样相信的话，那就未免太天真了。对于这样的观察家，我们不妨有时候将他们一军，拿他们就某些动物提出的问题去反问他们。

〔十一〕（正文第 62 页）我觉得这是显而易见的，因此，我想象不出我们的哲学家根据什么硬说原始人会产生那么多欲望。事实上，除了大自然本身要求的生理上的唯一需要以外，我们的其他需要，有的来自于习惯，而在没有形成习惯以前，它们就不成其为需要；有的来自欲望，而在我们还未见过某种事物以前，我们根本就不会产生想得到它的欲望。由此可见：野蛮人是只希望得到他所见过的东西的；而且他所认识的东西，是他有能力占有或容易取得的。世上再也没有什么事物是像他的心灵那样平静的了，再也没有什么事物是像他的思想那样有局限的了。

〔十二〕（正文第 66 页）我在洛克的《政府论》[①]中看到一段不同的论述，它的观点似是而非，太强词夺理了，以致我想替它掩饰也掩饰不了。

这位哲学家说："雌雄结合的目的，不是简单地为了生育，而是为了延续种类；这种结合，甚至在生育以后，也应当继续保持，至少是为了所生的孩子，需要保持多久就保持多久，这就是说，应当保持到孩子们能自己满足自己的需要为止。这是造物主的无限智慧对他创造的生灵制定的法则。我们发现，低于人类的动物一直是严格遵守这条法则的。在食草类动物中，公的和母的的结合是不超过每一次交配所需要的时间的，因为母动物的乳汁足以供养幼

① 指洛克，《政府论》，下篇（1690），第 7 章，第 79—80 节（1749 年法译本，第 6 章，第 3—4 节）。——译者

崽,直到它们能自己去吃草为止;公的只管授精,此后就不再理会母的和幼崽,对幼崽的食物一点也不过问。至于肉食类动物,它们结合的时间就比较长,因为母兽单单靠自己捕食是不足以同时养活它自己和它的幼崽的:以肉为食的生存方法,比以草为食的生存方法辛苦得多和危险得多,因此,对于维持它们共同的家庭(如果可以使用'家庭'这个词儿的话),公的动物的协助是完全必要的;这个家庭,在幼崽能自己去觅食以前,是只有靠公的和母的动物的共同关心才能维持下去。人们发现,所有的鸟类都遵守这个法则,只有某些家禽是例外,因为它们一直处在食物丰富的环境里,不需要公禽照料幼崽。人们发现,其他的鸟类的幼崽在窝里的时候是需要喂食的:需要公鸟和母鸟供养它们,直到它们能自己飞翔和自己觅食为止。"

"我认为,"洛克继续说道,"人类中的两性结合在一起的时间之所以必然比其他动物长,其主要的(虽然不是唯一的)原因就在于此。女人时时都有受孕的可能;在前一个孩子还没有脱离需要父母的照料和自己能满足自己的需要以前,往往都能重新怀孕,再生一个孩子,因此,父亲不能不供养他所生的孩子,而且要供养很长一段时间,还须和为他生育孩子的女人继续在一起过夫妻生活,比其他动物过家庭生活的时间长得多,因为其他动物的幼崽在新一胎幼崽降临以前能自己去觅食,公母的结合关系便自动解散,双方都享受完全的自由,直到下一个求偶的季节到来,才重新选择伙伴,结合在一起。行文至此,我不能不赞美造物主的智慧:他让人类具有既能筹划未来又能满足现在的能力;他希望而且已经实现了让人类两性结合的时间比其他动物雌雄结合的时间长得多,以便激励男人和女人的积极性，使他们的利益能更好地结合起来，共同抚养他们的孩子，为孩子们创造福祉，因为，对孩子们来说，再也没有什么事情比父母的关系不稳定和轻易离异更有害了。”

出于对真理的爱，我如实地把洛克的不同意见引录在此；同样，也是出于对真理的爱，我愿在引录洛克的文字的同时，提出几点看法；其目的，虽然不是为了解答这个问题，但至少是为了阐明这个问题。

一、我首先要指出的是，从道德的角度提出的论证，对于生理方面的问题是没有多大说服力的；它们可以用来解释已经存在的事实，但不能具体证明这些事实的真实存在。洛克先生在我前面引录的文字中采用的论证方法，就属于这种类型。因为，尽管男女之间的结合能长久维持，对人类是有利的，但不能因此就得出结论说这是由于大自然的安排，否则的话，我们也可以说文明社会、艺术、商业以及一切人认为是对人类有用的事物都是大自然安排的。

二、我不知道洛克先生有何根据说食肉类动物雌雄之间的结合比食草类动物的时间长，也不知道他何以断定食肉类动物中公的能帮助母的喂养幼崽，因为，人们没有看见过公狗、公猫、公熊和公狼对与它交配过的母狗、母猫、母熊和母狼的关照，比公羊、公牛、公鹿和其他四足兽中的公的做得更好。情况似乎是相反的：在喂养幼崽方面，如果说公的对母的的帮助是必需的话，那尤其是以草为食的种群才是如此，因为母的吃草需要很多时间，在它自己吃草的时候，是照料不了它的幼崽的；而母熊或母狼捕获的猎物是一会儿工夫就可以吃完的：肚子吃饱了，就有更多的时间去照料它的幼崽。这个论断，通过对一定数量的食肉类和植食类动物的母兽

和幼兽的观察,已经得到了证实;这方面的情况,我在注释〔八〕中已经讲过了。如果这个观察的结果是正确的并具有普遍性,再加上女人只有两个乳房而且一次一般只生一个孩子,这就构成了一个更强有力的理由,使我们怀疑人类天生是食肉类动物,因此,要得出洛克那样的结论,就需要把他的推理完全颠倒过来。他所说的那种区别,在鸟类中是没有的,因为,谁知道秃鹫雌雄的结合和乌鸦雌雄的结合比斑鸠雌雄的结合时间长呢?我们有两种家禽,即鸭子和鸽子,它们向我们提供的例子,与洛克的结论完全相反。只吃谷物的鸽子,公鸽和母鸽是永远生活在一起的,它们共同喂养小鸽。公鸭的食量之大,是尽人皆知的,它从来不心疼母鸭和小鸭,从来不管它们的食物。鸡吃荤的时候是不少的,但人们就从来没有看见过公鸡对孵出的小鸡操过心。即使在其他鸟类中有公鸟帮助母鸟喂养小鸟的情形,但那只是因为幼鸟起初还不能飞,母鸟又无奶水可喂它们,所以它们就比四足兽的幼崽更需要父亲的帮助;对小四足兽来说,母兽的奶水至少在一定的时期是够吃的。

三、在作为洛克的推论的依据的主要事实方面,有许多不足为凭的地方。为了知道是不是像他所说的,在纯粹的自然状态中,在前一个孩子还远远不能自己满足自己的需要以前,他的母亲通常又能重新怀孕,再生一个孩子,这就需要进行实验;然而这种实验,可以肯定,洛克自己没有做,而别人又没有能力做。男人和女人长期生活在一起,当然是容易使女人重新怀孕的。然而我们很难相信,在纯粹的自然状态中,偶尔相遇或单单一次性欲冲动就能产生夫妻生活中所产生的那种多次受孕的效果;延缓妊娠,也许能有助于孩子的身体健壮,而且可以增加受孕的能力,使青年时期没有滥用生殖能力的女人能把她的受孕能力延长到较大的年龄。至于小孩子，我们有许多理由相信：他们的体力和各部分器官的发育，在我们的文明社会比在我所说的原始状态中晚得多。他们得自父母的身体本来就很柔弱，他们的四肢被人们用襁褓包裹起来，他们的生活环境是那样优越，吃别人的奶而不吃母亲的奶，所有这些，都阻碍了他们身体的自然的进步，延迟了他们的发育。人们强要他们学这学那，把注意力集中在许许多多事物上，却偏偏不多多让他们锻炼他们的身体，这就更加妨碍了他们的成长；如果人们不那么想方设法加重他们的精神负担，让他们按照大自然的要求不停地活动，锻炼他们的身体，可以断定，他们一定会很早就能走路，就能做事，就能自己满足自己的需要。

四、洛克先生的那段论述，顶多只能证明男人对为他生了一个孩子的女人有一种依依不舍的表现，而丝毫不能证明他在她生孩子以前和在怀孕的九个月里也依恋她。如果这个女人在这九个月里与该男人不相往来甚或变得不认识了，他为什么在她生育以后要帮助她呢？他为什么要帮她抚养一个他既不知道是不是属于他的而且也未曾预料到会出生的孩子呢？洛克先生提出的看法，显然正是我所要问的问题，因为，问题不在于知道男人为什么在女人生孩子以后依恋她，而在于知道他为什么在她怀孕以后还依恋她。其实，在当初的情况下，性欲一满足，男人就不再需要那个女人，女人也不再需要这个男人；在性行为以后，这个男人对他的行为就不再惦记，甚至说不定忘得一干二净了：他们一个往东，一个往西，没有任何迹象表明，九个月之后他们还记得彼此曾互相认识，因为这种记忆（一个人由于发生了生殖行为而记住另一个人），正如我在

正文中已经论述过的，是只有在人的理解力已相当进步或败坏之后才有的；当他还处在我们现在所说的野兽似的状态时，他的理解力是不可能有什么进步或败坏的。另外一个女人完全可以像先前那个与他发生过性关系的女人那样充分满足他的新的性要求，同样，另外一个男人也能满足这个女人的要求，如果她在怀孕期间也性欲发作的话；不过，对于这一点，人们是有理由表示怀疑的。在自然状态中，一个女人如果在怀孕以后就不再有性的要求的话，这将大大妨碍她与男人的结合，因为她既不再需要那个使她受孕的男人，也不需要别的男人，这样一来，男人就没有必要去找她，她也没有必要去找男人。由此可见，洛克的推论是完全站不住脚的：这位哲学家的全部辩证法也没有使他避免霍布斯等人所犯的错误。他们应当阐明的，是自然状态中的这样一个事实，这就是说，在这种状态中，人是孤立生活的，一个人没有非和另一个人生活在一起的必要，所有的人都没有想过彼此应如何生活在一起；洛克等人不该超越社会的时代去看问题，这就是说，他们论述的是这样一个时代；在这个时代里，人们有种种理由彼此应当生活在一起；一个男人总有某种理由应当和另一个男人或另一个女人在一起生活。

〔十三〕(正文第67页)我时时告诫自己，不要轻易从哲学的角度去探讨语言的发明对人类的利与弊。对于一般的错误问题，人们是不会容许我提出批评的；而有学问的人又太固执己见，因此不能耐心听取我的一些所谓的怪论。可是，也有一些人为了维护真理，敢于发表与多数人不同的意见；他们这样做，既然没有人认为是罪过，那就让他们说话好了。“如果把语言有害的和混乱的多样性加以消除，那是一点也不影响人类的幸福的，人们反而将努力于精通一种统一的语言，从而在任何事物上都能通过符号、动作和手势互相沟通；不过目前的情况是，被一般人认为是很愚蠢的动物，似乎在这方面比我们强得多：它们无需任何媒介就能让我们很快地如实了解它们的感情和思想；在这一点上，尤其是在我们需要借助某种外语才能把意思表达清楚的情况下，它们岂不是比我们高明得多吗？”（伊·沃西乌斯，《诗歌与韵律的特性》，第66页）

〔十四〕（正文第71页）柏拉图曾指出，有关离散量①和它的比例关系的概念，即使在最微小的艺术中也是非常的需要；因此，他有理由嘲笑他那个时代的作家，因为他们竟认为“数”是帕拉麦德②在特洛伊围城战时发明的，还说阿加梅农③好像连他自己有几条腿也不会数。实际上，社会和各项艺术已经发展到大打特洛伊围城战的时候，人们是不可能不知道“数”和计算数目的方法的；人们需要计算数目，不过，在获得其他知识以前，尽管有这一需要，但不可能一想象就可轻易把“数”发明出来。当然，一旦有了“数”的名称之后，就可很容易地说明它们的意思，使人获得它们所表达的观念。至于说到发明“数”的名称，那就需要在构思这些名称以前，掌握哲学思辨的能力，锻炼如何不通过其他途径，完全从事物的本质去认识事物；这就需要进行艰苦的、形而上学的和不甚自然的抽象；如果不经过这样的抽象，“数”的观念就永远不可能从一种或一

① 离散量：在哲学上，“离散量”和“连续量”是两个成对子的概念：前者指的是“数”，是数学研究的对象；后者指的是线、平面和立体，是几何学研究的对象。——译者

② 帕拉麦德：荷马史诗《伊利亚特》中有诸多发明的英雄。——译者

③ 阿加梅农：特洛伊围城战中，希腊军队的最高统帅。——译者

类事物转到另一种或另一类事物，而“数”的名称也就不会变成能普遍通用的。一个野蛮人可以分辨他的左腿和右腿，或者把两腿并起来看作一对不可分开的腿，但从来没有认识到他的腿是两条，因为向我们描述事物形状的表意的概念，与向我们确定事物数目的数的概念是两回事。野蛮人的计算能力更差，甚至数数不能数到5；在让他把两个手掌合起来的时候，他能发现他两手的手指是成对的，但他想象不到他两手手指的数目是相等的：就像数不清他的头发数目一样，他也数不清他的手指的数目。即使在教会他懂得“数”的意思以后，如果有人告诉他说他的脚趾的数目和手指的数目是一样的，他也会十分惊异：他把手和脚一加比较，发现果然是真的。

〔十五〕(正文第75页)不能把自尊心和自爱心混为一谈，这两种感情在性质和效果上是完全不同的。自爱心是一种自然的情感；它使各种动物都注意保护自己。就人类来说，通过理性的引导和怜悯心的节制，它将产生仁慈和美德，而自尊心是一种相对的情感，它是人为的和在社会中产生的；它使每一个人都把自己看得比他人为重，它促使人们互相为恶，它是荣誉心的真正源泉。

阐明了这一点，我还要进一步指出：在我们的原始状态中，在真正的自然状态中，自尊心是不存在的，因为每一个野蛮人都把他自己看作是观察其自身的唯一观察者，是宇宙中唯一的存在者：整个宇宙都关爱他，是他的才能的唯一裁判者，因此，一种来源于他没有能力进行的攀比之心的情感，是不可能在他心中滋生的；同理，这个人既没仇恨心，也没有报复心：这两种心理是只有在认为自己受了某种冒犯之后才会产生的；而且，由于构成冒犯的原因是轻视和存心伤害的意图而不是伤害本身,所以,不会互相评比的人尽管有时候因某种利益而互相以暴力相加,但从来不彼此故意冒犯。总而言之一句话,在每一个野蛮人的眼里,他的同类和其他动物是一样的:既可以从弱者手中夺取猎获物,也可以把自己手中的猎获物让给强者,他把这种掠夺行为看作是很自然的事情,丝毫没有傲慢或轻视的表示,除了因成功或不成功而感到喜悦或难过以外,便没有其他的感受。

第 二 部 分

〔十六〕(正文第 95 页)这是一件非常值得注意的事情:多年来,欧洲人花了许多力气想使世界上其他地区的野蛮人采取欧洲人的生活方式,可是,尽管他们借助了教会的力量,却一个成功的例子也没有:因为,我们的传教士虽然有时候使一些野蛮人皈依了基督教,但从来没有成功地使他们成为文明人。没有任何办法能克服他们对我们的习俗和生活方式的极端厌恶。我们在许许多多书中看到法国人和其他欧洲人自愿隐遁到那些野蛮民族当中的故事:自愿在他们当中度过一生,而不愿抛弃那种非常奇怪的生活方式;我们甚至看到一些聪慧的传教士非常留恋他们在那些备受轻视的人当中度过的无忧无虑的安谧的日子:请问,如果那些野蛮人真的像我们认为的那样不幸,他们怎么会如此之不知好歹,始终拒绝学我们的文明样子或者逐渐学习在我们当中幸福地生活呢?如果有人回答说这是因为他们还没有足够的智慧来判断他们的生活状况与我们的生活状况之间的差别,我将回答他们说:对幸福的判断,是一件从理性的角度少于从感情的角度考虑的事情。另外,我

还认为,人们的这个回答,反倒可以更有力地驳斥我们这些文明人,因为,要野蛮人理解我们生活方式的乐趣固然很难,但是,要我们理解他们生活方式的乐趣,那就更难了。实际上,经过若干观察之后,他们是可以很容易地看出我们所做的一切,无非是追求两个目标,即为自己追求生活的舒适和赢得别人的尊重。然而,一个野蛮人孤单地生活,或在林中打猎,或在水中捕鱼,或者吹着一只简陋的笛子,从来不想用它吹出什么调子和吹奏什么乐曲,请问:他这种生活方式的乐趣,我们用什么方法才能想象出来呢?

人们曾多次把一些野蛮人带到巴黎、伦敦和其他城市,千方百计向他们展示我们的豪奢、我们的财富和种种有用的和稀奇的艺术,然而这一切只不过引起他们傻乎乎地观赏一阵,而丝毫没有做出过想得到这些东西的表示。我记得曾经听人讲过这么一个故事:大约三十年前,有人把南美洲土著的一个首领带到英国宫廷,在他面前摆放了千百种东西,看哪一种东西能使他感到高兴,就把那件东西当作礼物送给他;可是人们发现他对任何东西都不感兴趣;我们的武器,他觉得太笨重,使用起来不方便;我们的鞋子使他的脚受了伤;我们的衣服,他穿起来感到别扭:他什么都不喜欢。最后,人们发现他拿起一条毯子,觉得披在肩上很舒服。于是,人们对他说:"你觉得这个东西挺有用处?"他回答说:"是的,我觉得它披起来跟一张兽皮差不多一样舒服。"要是那天下雨,他用那条毯子去挡雨的话,也许他连这句话也不会说的。

也许有人说:每个人之喜欢自己的生活方式,是习惯使然,因此野蛮人才觉得我们的生活方式不好。按照这种说法,就必然会得出这样的结论:习惯的力量使野蛮人喜欢他们的艰苦生活更胜

于使欧洲人喜欢自己的享乐生活;这个结论至少是很奇怪的。要对这种说法提出一个不容置辩的回答,并不难;在这里,我既不以人们花许多力气训练过的年轻的野蛮人为论据,又不以人们在丹麦训练和供养的格陵兰人和冰岛人为论据,因为他们全都因忧郁和失望而死了(有的死于悲伤,有的因试图泅水回到他们的家乡而溺死海中),在这里,我只向那些欧洲文明的赞赏者提供一个经过确切证实的事例,请他们思考。

"好望角的荷兰传教士虽作了种种努力,但也未能使任何一个霍屯督人改宗基督教。好望角的总督范·德·斯泰尔曾收养过一个霍屯督人的小孩,并从他童年时候起,就按照基督教的教义和欧洲人的习惯培养他:给他穿漂亮的衣服,教他学几种语言;他的进步确实也无负于他所受的教育。总督想锻炼他的才干,派他随一位专员到印度去;这位专员也很重用他,让他经办公司的许多事情。在专员去世之后,他便回到了好望角。回来不久,在一次去看望霍屯督人的亲朋好友之后,便决定脱下身上的欧式服装,只披一张羊皮。他身着这件新衣,手里拎着一个里边包着欧式服装的包袱,回到城堡,把衣服还给总督,向总督说道:'先生,你想必记得我一再说过的话:我不愿穿这身衣服,一生都不信奉基督教,并决心生要按照我祖先的宗教和习惯而生,死要按照我祖先的宗教和习惯而死。我唯一要求你给我的恩典是,让我留下这条项链和我佩戴的短刀:我留下这两样东西,作为对你的思念。'说完之后,没等范·德·斯泰尔回答,转身就跑了,从此以后,在好望角就再也没有见到过他。"(《旅途见闻》,第5卷,第175页)

〔十七〕(正文第101页)也许有人会反驳我说,即使在这样的

混乱状况下，人们也不会互相残杀，而是四处分散的，如果对于他们的分散是没有限制的话。但是，首先，这方面的限制其实就是地球本身的限制，如果再加上由自然状态产生的人口过多，我们可以断定，地球上很快就会遍地是聚群而居的人。另外，如果灾祸来得太快，如果随时都有发生变化的可能，人们也许会四处分散的。但是，由于他们是在枷锁下诞生的，当他们感觉到枷锁的沉重时，他们已经有了戴枷锁的习惯，只好耐心等待摆脱枷锁的机会到来了。最后，由于已经习惯于千百种使他们不能不聚群而居的便利条件，所以人们已不像原始时代那样容易分散；在原始时代，一切由自己做主，不必等待他人的同意，自己就可做出决定。

〔十八〕（正文第 104 页）维某某元帅[①]说，在他有一次经历的战役中，由于给养承包商的大量弄虚作假，使他的部队备受其苦，怨声不已。他把那个承包商狠狠地骂了一通，并威胁要处死他。“你的威胁，我不怕，”那个奸商公然回答说，“我可以坦率告诉你，人们是不会处死一个家资巨万的人的。”“我不知道怎么会出现这种情形，”这位元帅天真地说道，“那个奸商最后果然没有被处死，尽管他有千百种罪行，理应判处死刑。”

〔十九〕（正文第 117 页）分配的公正，和自然状态中严格的平等是相对立的，尽管它在文明社会中是可以实行的。由于国家的每个成员都应按自己的才干和能力为国家服务，所以公民可根据他们提供的服务的多少而受到相应的尊重和待遇。我们应当从这

① 维某某元帅：指法国陆军元帅路易－赫克托·维拉尔公爵（1653－1734）。——译者

个意义上来理解伊索克拉特[①]的一段话；他在这段话中称赞早期的雅典人知道辨别两种平等中哪一种平等对人们最有利；其中的一种平等是，不加区别地把利益平均分配给公民，让所有的公民都享受同样的利益，而另一种平等是按每个公民的功绩分配利益。这位演说家说，这些干练的政治家排除了那种良莠不分的不公正的平等，严格按照每个人的功过给予奖励或惩罚。不过在这里，我首先要指出：对好人和坏人不加任何区别的社会，是从来没有过的；不论它腐败到什么程度，它或多或少总是好坏要分的。在道德品行方面，法律所定的尺度是不可能精确到足以使法官把它们作为准则的。为了不让公民的命运和等级听从官员的任意摆布，最明智的办法是：法律应禁止官员对个人评头品足，而只能允许他们评判个人的行为。只有古罗马人的风俗才是那样的纯朴，经得起监察官的监察。但是，这样的裁判所如果在我们的社会中还存在的话，是会把事情搞得一团糟的，因为对好人和坏人的区别，应由公众的舆论来做；法官只能是严格的法律上的裁判者；在风俗方面，只有人民才是真正的评判官：人民是公正廉明的，尽管他们有时候会受欺骗，但不可能被腐败。对公民的等级，应该作出规定；但规定的根据，不是个人的品行（因为这样会让法官有任意运用法律的可能），而是他们对国家的真正贡献：只有根据实际的贡献，才能做出更准确的评价。

① 伊索克拉特（公元前 436—前 338）：古希腊演说家和修辞学家。文中提到的那段话，见伊索克拉特，《演说集》，卷 3，第 143—144 页《关于最高裁判所的演说》。——译者

附　　录

一、给伏尔泰的回信[①]

1755年9月10日于巴黎

先生，无论从哪方面说，都应该是我向你表示感谢。在向你奉上那本陈述我梦呓似的浅陋之见的小册子时，我丝毫不敢说是送上一份配得上你的礼物，而只不过是尽我的礼数，向你表示敬意，向你这位我们学界的领袖表示尊重。何况，你为我的祖国带来了荣誉，所以我和我的同胞们一样，对你满怀感激之情，我希望这种感激之情还会增长，因为我深信他们将从你给予他们的教诲中深深获益。请你美化你所选择的休闲之地[②]：开导值得你去教诲的人们；请你这位善于描绘自由的美德的人教导我们如何在我们的

① 《论不平等》出版之后，卢梭寄了一本给伏尔泰。伏尔泰于1755年8月30日写信告诉卢梭说："先生，我收到了你诋毁人类的新作，谢谢……从来没有人像你这样花这么多心思使我们变成野兽。"卢梭对伏尔泰的恶意批评十分气愤，于9月10日写了这封回信驳斥他。——译者

② 指伏尔泰1755年在离日内瓦城半里之远的地方购置的别墅"谐趣精舍"。——译者

城里[1]也像在你的著作中那样去珍惜这种美德。这样,所有接近你的人就可以在你身边找到通往光荣之路了。

你也看到了,我并不急于想重新按照我们愚蠢的方法行事;尽管就我而言,我失去的东西就只有那么一点点,我也是十分惋惜的。然而就你来说,先生,若真能再回到那个老样子,那将是一个奇迹:一个既如此惊人又如此有害的奇迹,以致,只有上帝才能使之实现,只有魔鬼才希望它出现。因此,请别再说什么想用四只脚爪爬行了[2];在这一点上,世界上谁也没有你做得那么好。你已经告诉我们要稳稳地用双脚行走,你自己就不要不用双脚站立嘛。

我承认,不幸的事件一个接一个落在了学界知名人士的头上;我也承认人类遭受的种种痛苦似乎与我们肤浅的知识无关。人类为自己打开了那么多灾难的源头,即使其中有一个源头偶然改变了它的流向,人们也不会因此就不被淹没。再有,在事物进步的过程中的那些联系,尽管普通人觉察不到,但是只要贤者一加思考,那就逃不过他们的眼睛。既不是泰伦修斯[3],也不是西塞罗[4]、维吉尔[5]、塞涅卡[6]、塔西佗[7];既不是那些学者也不是那些诗人,造成了罗马的灾难和罗马人的罪行:如果没有秘密的慢性毒药一点一

---

① 指日内瓦城里。——译者

② 伏尔泰在致卢梭的信中说:“谁读了你的书,谁就想用四只脚爪爬行。”针对伏尔泰的讥评,卢梭在这里用伏尔泰的原话回敬他。——译者

③ 泰伦修斯(约公元前190—前159):拉丁诗人和剧作家。——译者

④ 西塞罗(公元前106—前43):古罗马共和国时期的政治家和哲学家。——译者

⑤ 维吉尔(公元前70—前19):古罗马诗人。——译者

⑥ 塞涅卡(公元前4—公元65):罗马帝国晚期的政治家和作家。——译者

⑦ 塔西佗(约公元55—约公元120):古罗马著名的历史学家。——译者

点地败坏了史书上所记载的最严明的政府，西塞罗、卢克莱修[1]、萨鲁斯特[2]就不会出现也不可能写作了。勒里乌斯[3]和泰伦修斯笔下美好的时代早就向人们预示了奥古斯都[4]和贺拉斯[5]光辉的世纪行将出现，也预示了塞涅卡和尼禄[6]、多米蒂安乌斯[7]、马希亚利斯[8]的可怕时代必将到来。在一个民族中，对文学和艺术的爱好，产生于内心的邪恶，不仅如此，它反过来又促使内心的邪恶日益增长；如果所有人类的进步真的对人类有害的话，则精神和知识的进步必将助长我们的骄傲，使我们愈加走入歧途，使我们的苦难早日到来。终有一天，恶事将发展到使产生恶事的原因反而为了阻止恶事的发展而必须存在的地步。这有点像因担心拔出刺刀就会使受刀刺的人立刻断气，便只好让刺刀留在伤口里。至于我，如果我按照当初的心愿行事，既不读书也不写文章，我肯定比现在更幸福。但是，如果现在让我把文学事业全部抛弃，那我就会失去唯一的乐趣。我在文学的怀抱里安慰自己的痛苦：在辛勤耕耘文学的人们中间我品尝着友谊的甜蜜，学会享受生活而不担心死亡的威胁。我今天之所以能稍有成就，全靠他们；甚至我有幸能为你所知，也要归功于他们。不过，就我们的事情来说，还是要就事论事；

① 卢克莱修（约公元前 99—前 55）：古罗马杰出诗人、唯物主义哲学家。——译者

② 萨鲁斯特（公元前 86—前 34）：古罗马历史学家。——译者

③ 勒里乌斯（不详）。——译者

④ 奥古斯都（公元前 63—公元 14）：罗马帝国第一位皇帝。——译者

⑤ 贺拉斯（公元前 65—公元 8）：古罗马著名诗人。——译者

⑥ 尼禄（公元 37—68）：罗马皇帝。——译者

⑦ 多米蒂安乌斯（公元 51—96），罗马皇帝。——译者

⑧ 马希亚利斯（公元 40—104）：古罗马诗人。——译者

就我们的文章来说，还是要看文章的内容讲的是不是真理。尽管为了觉醒世人和引导愚盲，我们需要哲学家、史学家和智者的教诲，然而，即使智者芒农[①]对我说的全是真话，我对那一大帮如此疯狂的贤人和智者还是一无所知的。

先生，有一点是肯定的，那就是：虽说伟大的天才去教育民众是件好事，那也得人民愿意接受天才的教育才行：如果每个人都好为人师，谁又当学生呢？蒙台涅说瘸子不适合做体操，可见精神欠缺的人是不适合做精神的体操的。

但是，在这个到处是大学问家的世纪里，偏偏有那么一些瘸子想教别人走路。人们之所以读学者们的书是为了要评判学者的作品而不是为了受教育。从没见过傻瓜的人数有今天这么多。剧院里的傻瓜一大堆，他们看完戏就到咖啡馆里高谈阔论，而且还把他们的话刊登在报纸上，把他们的文章张贴在大街上。我听到有人在评论《中国孤儿》[②]，可是人们的鼓掌却没有鼓在点子上。这就证明他们既没有发现剧本的缺欠，也没有察觉到剧本的美妙之处。

如果我们一起去寻找社会混乱的根源，我们就会发现，人类的种种苦难来源于他们的错误的数目远远多于来源于他们的无知，我们不知道的东西对我们的害处，并不比我们自以为知道的东西给我们造成的害处多。即使人们错上加错，也不见得比那些自称什么都知道的人更有害于人。如果没有人宣称他知道地球是不转

① 芒农：伏尔泰的短篇小说《芒农，或人类的智慧》中的主人翁；这个短篇小说开头的第一句话是："芒农有一天制订了一个不切实际的计划，想成为一个十全十美的智者。"——译者

② 《中国孤儿》：伏尔泰根据中国元曲《赵氏孤儿》写的一部悲剧。——译者

动的，就不会有人因为伽利略说地球是转动的而惩罚伽利略。如果当初仅有的那几位哲学家宣称只有他们有这个称号，《百科全书》就不会有迫害者了。如果无数小人物不那么一心追求荣誉，你就会安享你的荣誉，或者，至少你遇到的对手是配得上和你较量的对手。

不要一见到天才人物的桂冠上不可避免的芒刺就惊诧不已。你的敌人的咒骂声只不过是跟随在胜利者队列后面的人群的狂呼乱叫罢了：正是由于公众争相阅读你的书，所以你的书才遭到了他人的篡改，因而使得你一肚子牢骚：但是弄虚作假也并不容易嘛，因为铁或铅总是不能和金子熔合在一起的。请允许我为了你的平静和我们的教化而说这些话。不要过于计较那些说七说八的胡乱批评，因为人们不想伤害你，只是想让你转而做得更好。越是有人批评你，你就越应当立身行事让人尊敬。一本好书就是对那些辱骂性的小册子的最好回答；只要你把你的文章写得别人没有办法模仿，谁敢把不是你写的作品说成是你写的？

我非常感谢你的邀请；如果今冬的状况允许我来春回到我的国家[①]，我将不会辜负你的好意。但我更喜欢痛饮你家的泉水，而不想喝你家的牛产的牛奶，至于说让我吃你果园里的草，我很担心我只能在那里找到忘忧莲和魔草：忘忧莲不是野兽吃的食物，而魔草的功效是防止人变成野兽[②]。

---

① 指日内瓦。——译者

② 伏尔泰在给卢梭的信的结尾用尖酸的语气说："沙庇依先生告诉我说你的健康不佳。你应当回到你家乡的环境中来使之恢复，在这里享受自由，和我一起喝你们这里的奶牛产的奶，吃这里生长的草。"——译者

谨向您致以诚挚的敬意。

二、让-雅克·卢梭答费罗波里斯先生书[①]

先生，因为你给我提出了许多问题，可见你是希望我回答你的。此事关系到一部献给我的同胞的著作；因此我得为了配得上他们给予我的荣誉而保卫它。对于你信中对我好的或坏的评论，我将略而不提，因为两者大体上可以相互抵消，所以我不在乎，公众更不在乎，何况它无助于对真理的探索。我首先从你对我提出的论点开始说起，因为它对我试图解答的问题极为重要。

你告诉我，社会状态是直接由人的能力造成的，因此是来自人的天性。说人不应该是合群的，就等于是说人根本不应该成其为人，攻击人类社会就是攻击上帝的业绩。先生，在解答你提出的驳难之前，请允许我向你提出一个问题。如果我能找到一条更稳妥的直达目的的道路，我就不会和你这样转弯抹角地讲了。

现在让我们作一个假定：假设某些学者有一天发现了加速衰老的秘诀，并找到了硬要人们采用这种非凡的办法的手段。请你相信，这种办法并不像初看上去那样难以找到；因为理性这个承载了我们所有蠢行的载体，是不会不提醒我们不要错过这种办法的。

① “费罗波里斯”是日内瓦两百人议会议员、博物学家夏尔·波勒的化名。1755年10月，夏尔·波勒化名费罗波里斯在《法兰西信使报》上发表了一篇书信体文章《评日内瓦的让-雅克·卢梭先生的〈论人与人之间不平等的起因和基础〉》。此文不久就在阿姆斯特丹的一家报纸上加以转载，于是卢梭不得不撰文进行反驳。——译者

尤其是哲学家和智者，为了摆脱欲望的桎梏和领略灵魂的宁静，将大踏步走向涅斯托耳[①]的时代，甘愿打消能够满足的欲望，以免遭受那些应该遏制的欲望的折磨。这样一来，疯狂地想留住青春和快乐而不愿变老和明智起来的冒失鬼（他们将因为自己的柔弱而脸红）就不多了。

假设一个头脑奇特的人，一个怪人，一个十足的爱发怪论的人，敢责备别人行事的准则荒诞，并向他们证明寻找宁静就是追逐死亡，过于理智便只会说话絮絮叨叨，虽说有一天他们也会老，但他们至少应该尽可能推迟衰老的到来。

毫无疑问，那些担心他们的秘诀会遭诋毁的诡辩家们将迫不及待地打断这个令人厌烦的说话者，并对他们的信徒说："年长的智者们，你们要感谢上天赐予你们的恩惠，并庆幸你们能如此顺利地按照他的意志行事。是的，你们已经年老体衰；这是人类不可避免的命运；但是你们的智力是健全的；你们的四肢虽已瘫痪，但你们的头脑更加灵活；你们的行动虽然不便，但你们说起话来却像神灵；虽说你们的痛苦日见加深，但你们的哲学造诣却与日俱增。对于那些性情冲动的年轻人，你们应当抱同情的态度，因为他们身强力壮，不能享受你们这样体弱的人应当得到的好处。体弱多病是福，因为体弱，便可以把许多出色的药剂师召唤到你们身边，向你们提供的药物的品种比你们的疾病的名目还多。还可以为你们招来许多名医，他们的医术精湛，能捉住你们身上的虱子，能说出你

① 涅斯托耳：希腊神话故事中的纳瓦里诺的国王，以为人贤明和睿智著称。——译者

们各种各样风湿病的希腊文名称；此外，体弱多病还可招来许多热心的安慰者和忠实的继承者来愉快地伴送你们直到生命的最后一刻。如果你们没有这些痛苦，就没有这么多人来帮助你们，正是你们有了这些痛苦才使得这些人的帮助变得非常必要。”

我们真想象不到，他们在斥责这位冒失的警告者时竟说出这样一番话：

“不要再以轻率的口吻发表这样一些无神论的言论了。你竟敢如此大胆地诋毁人类的创造者的意愿吗？衰老的状态不是来自人的体质吗？人变衰老不是很自然的事情吗？你发表这么一番攻击自然法则并进而攻击造物主的意志的煽动言论，到底想干什么？既然人要衰老，可见那是上帝想让人衰老。从事物的本身来看，除了说明那是上帝的意志以外，还能说明什么呢？你要知道，年轻人根本不是上帝想创造的人，因此，为了赶快遵从他的命令，必须尽快进入老年。”

所有这一切都是假设的，现在，我要问你，先生，这个爱发怪论的人究竟是应该保持沉默还是做出回答，如果要做出回答，请指点我应该怎样说，以便我尽力解答你对我提出的不同意见。

既然你宣称用我自己的论点来抨击我，我请你不要忘记，依我看来，社会之自然而然地属于人类，就像衰老之自然而然地会降临每个人的身上；民众之需要艺术、法律和政府，就像老人之需要拐杖。其间的区别在于，衰老的状态是来自人独有的本质，而社会的衰老则来自人类的本质，不过，不是像你所说的那样直接来自人类，而是像我所证明的那样，是某些外部环境造成的：这种环境可能存在也可能不存在，但或迟或早总会到来，从而加快或推迟衰老的过程。在这些环境中,有一些环境是由于人的意愿造成的,为了论证有某种十分相似之处,我不得不假设:如同人类之有推迟衰老的能力一样,个人是有加快衰老的能力的。社会状态的发展有一个终点,是早到还是晚到这个终点,完全由人类决定。因此,向他们指出这一点不是没有用处的,因为如此快速前行是很危险的,他们为了人类的完美而采取的做法是灾难性的。

你列举了人类遭受的苦难——我认为它们是人类自己造成的——并告诉我说,莱布尼茨[①]和你已经证明世上的一切皆好,事实证明上帝是公正的。我根本不认为上帝行事需要用莱布尼茨或者任何其他人的哲学著作来证明。你本人真的认为,有那么一种哲学体系比天地万物更无可指摘吗?你真的认为,在证明上帝的公正方面,哲学家的论点比上帝的杰作更有说服力吗?再者,否认恶的存在,这是一个非常简单的为作恶者开脱罪责的办法。从前,斯多葛派的学者们就是这样一下子将自己陷于可笑的境地的。

在莱布尼茨和波普[②]看来,一切存在的事物都是好的。人类之所以有社会,那是因为从公众的利益出发,希望有社会;如果没有社会,那是因为从公众的利益出发不希望有社会;如果有人劝说人们返回森林生活,那很好,就让他们回到森林去生活好了。不应该将好与恶的概念赋予事物的本质,因为好与恶不过是人类从事物的关系中得出的结论:事物可以相对于全体来说是好的,尽管它们自身是坏的。有利于公众利益的事物,很可能是某种个别的坏

① 莱布尼茨(1646－1716):德国数学家、哲学家。——译者

② 波普(1688－1744):英国诗人。——译者

事，而这种坏事，在可能的时候是应当消除的，因为，虽说这种坏事在人们能容忍它的时候对全体是有益的，但与之相对立的好事，只要能实现，其效益也不会比它差。同理，虽然一切按照现在这个样子存在的事物都是好的，但是如果有人硬要改变事物的现状，那就让他改变好了，无论他是成功还是不成功，人们都只能从事情本身去判断，而不能从理论上去评论。不能因此就说个别的坏事对遭遇坏事的人来说不是真坏事。虽说从我们现在的情况看，我们人人都受文化的洗礼是件好事，但可以肯定的是，我们不受文化的熏染反而会更好些。莱布尼茨从来没有从他的学说中归纳出一条可以反驳这一点的理由。因此，事情很清楚：审慎的乐观主义者对我既没有说赞成的话，也没有说反对的话。

因此，我要反驳的既不是莱布尼茨也不是波普，而是你一个人，因为你还没有分清他们否认的普遍的恶和他们并不否认的个别的恶，便宣称一个事物之所以按现在的形式存在，是因为不允许它以其他形式存在。但是，先生，既然按照现在的样子存在的事物都是好的，那么，在政府和法律出现以前，按照当初的样子存在的事物也是好的啰，建立政府和制定法律就是多余的啰：这样说来，让一雅克[①]用你的论点去和费罗波里斯较量，就一定会胜过他啰。如果一切按照你想象的样子存在的事物都是好的，那么，为什么还要改正我们的恶行，医治我们的疾病，纠正我们的错误呢？我们的讲坛、我们的法庭、我们的学院还有什么用？为什么你发烧的时候还要派人去请医生？你怎么知道你不认识的那个大人物的善行不

① 让一雅克：即卢梭；卢梭的全名是："让一雅克·卢梭"。——译者

需要你心怀敬意？你怎么知道土星和天狼星上的居民的健康状况不会因为你恢复了你的健康而受到损害？所以，最好是事物能发展成什么样子，你就让它们发展成什么样子，以便使它们时时都能顺利前进。如果一切皆尽可能顺利地发展，你也许会对任何行动都提出指摘的，因为任何行动都会令事物的状态发生变化。在行动进行的过程中，人们是不可能接触事物而不造成伤害的，因此，只有静静地修行而不行动，才是人类最好的美德。总之，如果一切都最好是按照现在这个样子，那当然好啰，这样，拉波尼人、爱斯基摩人、阿尔冈昆人、席卡卡人、加勒比人就不需要我们的警察局了，霍屯督人就会嘲笑我们的警察局了，而日内瓦人则会称赞警察局。莱布尼茨自己也会同意这个看法。

你说，人类之所以是他们现在这个样子，是由于他们在宇宙中占据的位置造成的。但是，人类因在不同的时间和空间而有如此大的差异，以致用这样的逻辑去推论，人们就会从个别到普遍，容易得出十分矛盾和无定见的结论。只需要一个地理上的错误就足以推翻这个据说是可以从人们现在看到的样子推论出原本的样子的理论。印第安人将认为海狸是钻洞穴的，人是睡在挂在树上的吊床上的。而鞑靼人则认为：不，不，人生来是应该睡在马车上的。我们的费罗波里斯们将满怀怜悯之心地喊道：可怜的人们啊，你们没有发现吗，正是为了建造城市，所以才有人类嘛！在研究人的天性方面，真正的哲学家既不是印第安人、鞑靼人，也不是日内瓦人、巴黎人，而是人。

说猴子是一种野兽，这我同意，理由我已经说过了；而你公然告诉我说猩猩也是一种野兽，对于这一点，我认为，从我列举的那些事实来看，你提出的论据是很难成立的。你的推理太荒唐了，竟和那些旅行家一样的轻率：他们有时候毫不客气地把自己的同类也归为野兽。毫无疑问，公众一定会感谢你的，你把自己研究这个问题的方法告诉我们的同时，也教育了博物学家。

在我的卷首献词中，我为我的祖国拥有世界上最好的政府之一而庆幸；我在论文中已经论证，良好的政府是很少的：我没有看出你在这个问题上所指出的矛盾。但是，先生，你怎么知道，如果我的健康允许，我会住到森林里，而不是住在你知道我是如此关爱的同胞中间呢？我在我的著作里根本没有说过这样的话嘛；我绝不选择这种生活的重要理由，你想必在我的论文中已经看到了。我个人强烈地感觉到，如今要我不和我同样败坏的人生活在一起，那是多么困难啊。就算是智者（如果真有智者的话），今天也不会跑到沙漠中去寻找幸福嘛。如果可能的话，每个人都应该居住在他的祖国，以便爱他的祖国，为他的祖国服务。即使享受不到这个好处，但至少能生活在人类共同的祖国也是幸运的，因为它是对所有一切人敞开胸怀的巨大的避难所，在这里，严肃的智者与顽皮的青年人将同样得到欢乐；在这里，到处洋溢着仁爱、厚道和温馨的气氛，洋溢着一个宽容的社会的美；在这里，穷人也能找到朋友，榜样的力量将激励着他们，引路人的理智将给他们指出光明的大路。正是在这个既有幸运，又有罪恶，有时候还有美德同时展现大剧院里，我们可以在生活的舞台上学到许多东西；但是，每个人如果想平静地结束自己的一生，却依然应该是在自己的祖国。

先生，我觉得你对我的一个论点的批评太严厉了，然而我认为我的那个论点是很正确的，而且，不论是正确还是不正确，它在我

的论文中都没有该报[1]为了让你高兴而只添加一个字母就变成的那个意思。“如果大自然让我们成为圣人，”你这样引用我的话说：“我几乎可以断言动脑筋思考的状态是一种违反自然的状态，而动脑筋思考的人是一种性格反常的动物。”我向你承认，如果我真的这样把 santé（健康）写成了 sainteté（神圣），那句话反倒说对了，因而自信我在另一个世界准能成为真正的圣人，或者至少在这个世界永远身体健康。

先生，我最后回答你的三个问题。我不敢滥用你留给我思考的时间；这一点，我事先早就注意到了。

“人或其他未曾体验过痛苦的有感觉的生物，是否有怜悯心？当他看到有人杀害儿童时，他会激动吗？”我的回答是不。

“为什么卢梭先生如此怜悯的下等人是那么津津有味地观赏一个受车轮刑的人垂死的情形？”根据同样的道理，当你在剧院看到赛义德[2]杀死他的父亲，或者蒂耶斯特[3]喝自己儿子的血，你也会落泪嘛。怜悯之心是一种如此美妙的感情，所以毫不奇怪，人人都想去体验它的。另外，每个人都有一种秘密的好奇心，都想研究一下：在谁也不能逃避的可怕时刻到来时，人的天性是怎样活动的。除此以外，还有担任两个月的街区演讲家的乐趣，对邻居绘声绘色地描述那个被车轮刑处死的人死亡之时的情形。

“雌性动物对幼崽所表现的爱，是为了幼崽而表现，还是为了

① “该报”，指《法兰西信使报》。——译者

② 赛义德：伏尔泰的剧作《穆罕默德》中的人物。——译者

③ 蒂耶斯特：法国悲剧作家克雷比翁的剧作《阿特雷和蒂耶斯特》中的人物。——译者

母兽而表现?”首先母兽是出于它的需要,而幼崽是出于它们的习惯,这一点,我在论文中已经说过了。我在推论中这样说过“万一真是这种情况,幼崽的利益将得到更多的保障。”我认为是这样的。然而这个话适用的范围不宜扩大,而应该缩小,因为一旦小鸡孵出,人们就再也看不到母鸡需要它们,尽管它的母爱并不比其他动物差。

先生,以上是我的回答。请注意,在这篇论文中,也和第一篇论文一样,我是坚定不移地认为人天生是善良的;尽管我的论敌都是正直的人,但他们却为了感化公众,便尽力宣称大自然所创造的,都是些忘恩负义之徒。

我,先生,乃一个默默无闻之人。以上所陈,当否,请先生指教。

三、答一位博物学家的驳难

我对这种相似性一无所知,也不知道为什么人类在没有果子吃的时候不去吃草和叶芽,为什么不像我们当中有些在荒漠地区长期靠植物的根为生的人那样用自己的手或爪子去刨植物的根吃。再有,你向我举的例子全都是发生在漫长的冬季,却没有注意到在大半个地球上几乎没有冬天,那里的树木几乎从不落叶,全年都结果子。你对我提出的反对理由都取自〔什么〕[①]巴黎、伦敦或者世界的某个小角落,而我提出的理由都尽量取自整个世界。

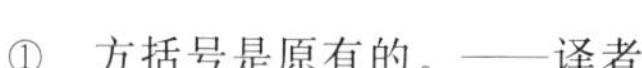

① 方括号是原有的。——译者

如果整个地球都是荒地，食肉动物在有人耕种的地区难以找到食物的情形就不一样了；当然，你可以说一只猫或者一只狼的情况是这样的：它一天花在寻找食物上的时间不会超过二十分钟；但是，无论你怎么说，马或者牛都是要花几个钟头才能吃饱肚子的，这样一比较，通常都是后者吃亏的。再有，无论人们对个别事例的看法如何，在论证从无可争辩的普遍事实中归纳出来的宇宙万物都有很好的安排这条法则的正确性方面，只需举出世上的物种都继续存在这一点就够了。但是，我当然知道，我们在法则的选择和应用方面是经常出错的，尤其是我。

张文英　译

后　　记

1989年9月，我应邀到法国蒙莫朗西(Montmorency)参加国际卢梭学术研讨会。一天，会间休息时，蒙莫朗西卢梭博物馆馆长罗伯尔·梯耶黎先生(Robert Thiéry)以1755年阿姆斯特丹雷伊版《论不平等》的影印本(1990)一册相赠。此书装帧和印刷均美，在几个页边空白处有卢梭后来加批的几段文字[1]，对理解他在书中阐述的观点很有启发。此次研讨会为期一周；会后，我在巴黎短暂访问了一段时间。在此期间，买了一本伽里玛出版社1985年版单行本《论不平等》，与雷伊版参照阅读，有疑难便求教于友人。现在回忆当时在巴黎索邦大学旁边的小咖啡馆与友人一起讨论时的情景，是一件很有兴味的事情。

卢梭在他的《忏悔录》中说："这部作品(《论不平等》——引者注)在全欧洲只有很少几个人读懂了，而在读懂了的读者当中，就没有一个人对它发表过什么意见。[2]"

是的，他这篇论文没有像他的第一篇论文那样引起一场论战，

① 这几段文字，后来作为脚注收入1782年版《论不平等》。

② 卢梭，《忏悔录》，巴黎"袖珍丛书"1972年版，下册，第99—100页。

但对他提出批评的人，仍然是很多的，除报章杂志上的书评以外，还有十几本专门的小册子“对他抛出的这颗‘诡辩弹’发动反击”。[①] 不过，在批评他的人当中，值得注意的只有三个，即伏尔泰、费罗波里斯和“一位博物学家”。卢梭对这三个人的批评都做了答复，这三篇答复中的一些论点，在帮助我们了解卢梭的思想脉络方面是很有用的。

这三篇答复，由张文英女士翻译。

最后，我要感谢我 1989—1990 年旅法期间的两位居停：蒙莫朗西市的克洛迪娜·约兰夫人（Mme Claudine Yolin）和巴黎的好友洛克桑·阿萨纳（Dr. Roxane Ah-Sane），她们都为我安排了一间明净的居室，使我有一个读书和工作的好环境。

李 平 沤

2005 年 7 月

① 特鲁松，《卢梭传》，李平沤、何三雅译，商务印书馆 1998 年版，第 180 页。

图书在版编目(CIP)数据

论人与人之间不平等的起因和基础/(法)卢梭著;李平沤译. —北京:商务印书馆,2017
(汉译世界学术名著丛书:120年纪念版:珍藏本)
ISBN 978-7-100-14540-4

Ⅰ. ①论… Ⅱ. ①卢… ②李… Ⅲ. ①政治思想—法国—近代 Ⅳ. ①D095.654.1②B565.26

中国版本图书馆CIP数据核字(2017)第153942号

汉译世界学术名著丛书
(120年纪念版·珍藏本)
论人与人之间不平等的起因和基础
〔法〕卢 梭 著
李平沤 译

商 务 印 书 馆 出 版
(北京王府井大街36号 邮政编码100710)
商 务 印 书 馆 发 行
北京市十月印刷有限公司印刷
ISBN 978-7-100-14540-4

2017年12月第1版　　开本710×1000 1/16
2017年12月北京第1次印刷　　印张12
定价:60.00元